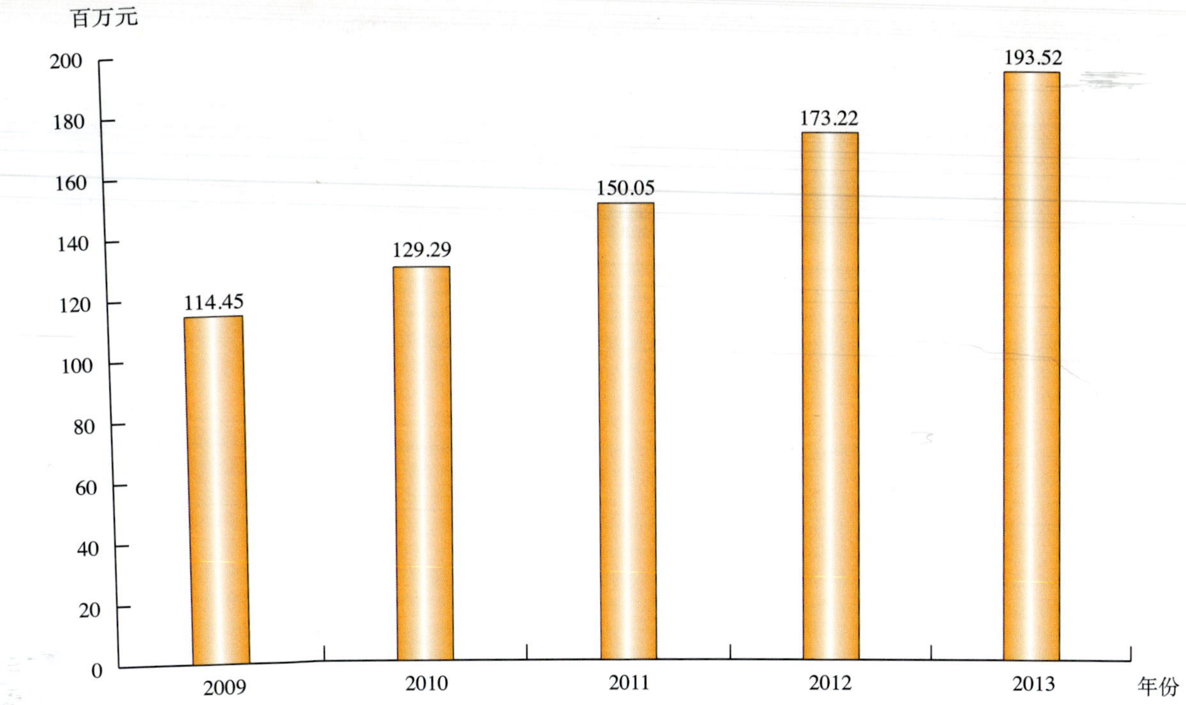

图1　2009—2013年全国渔业经济总产值

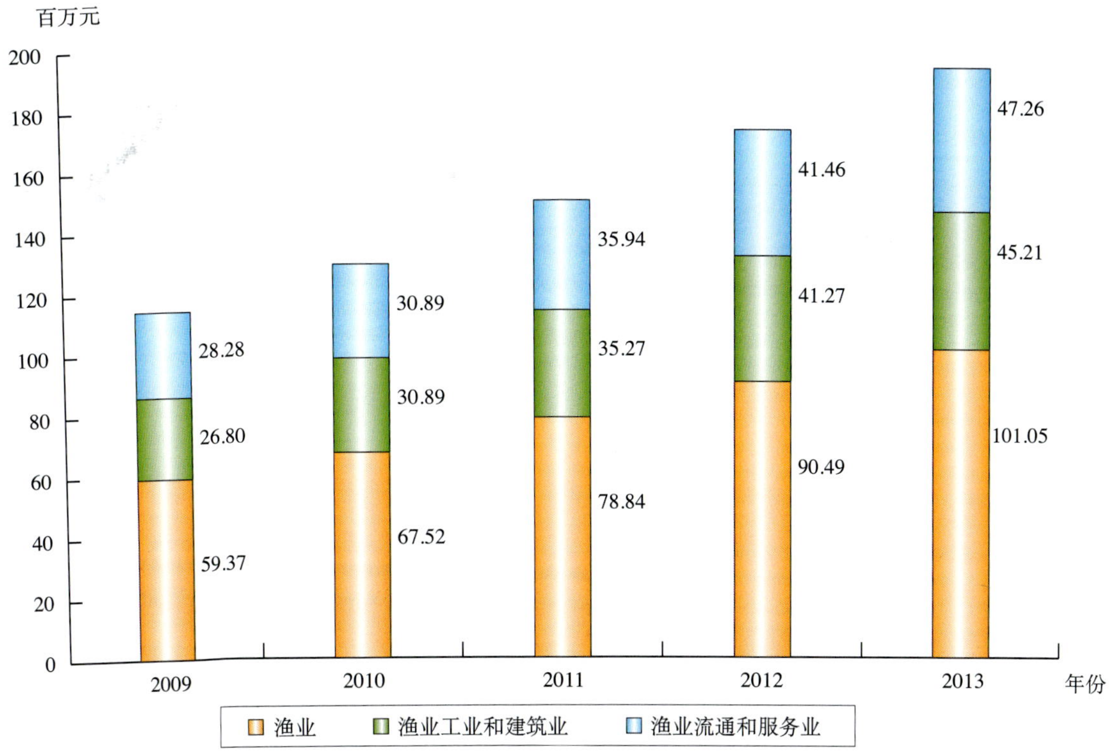

图2　2009—2013年全国渔业经济总产值构成

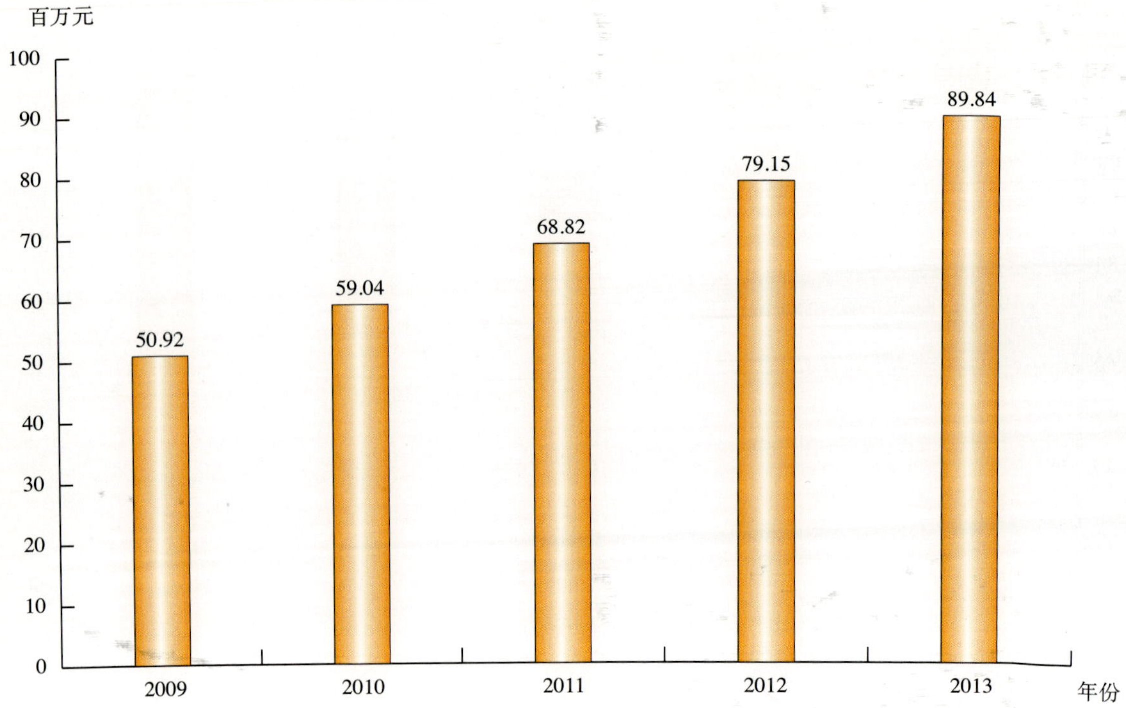

图3　2009—2013年全国渔业经济增加值

图4　2009—2013年全国渔业经济增加值构成

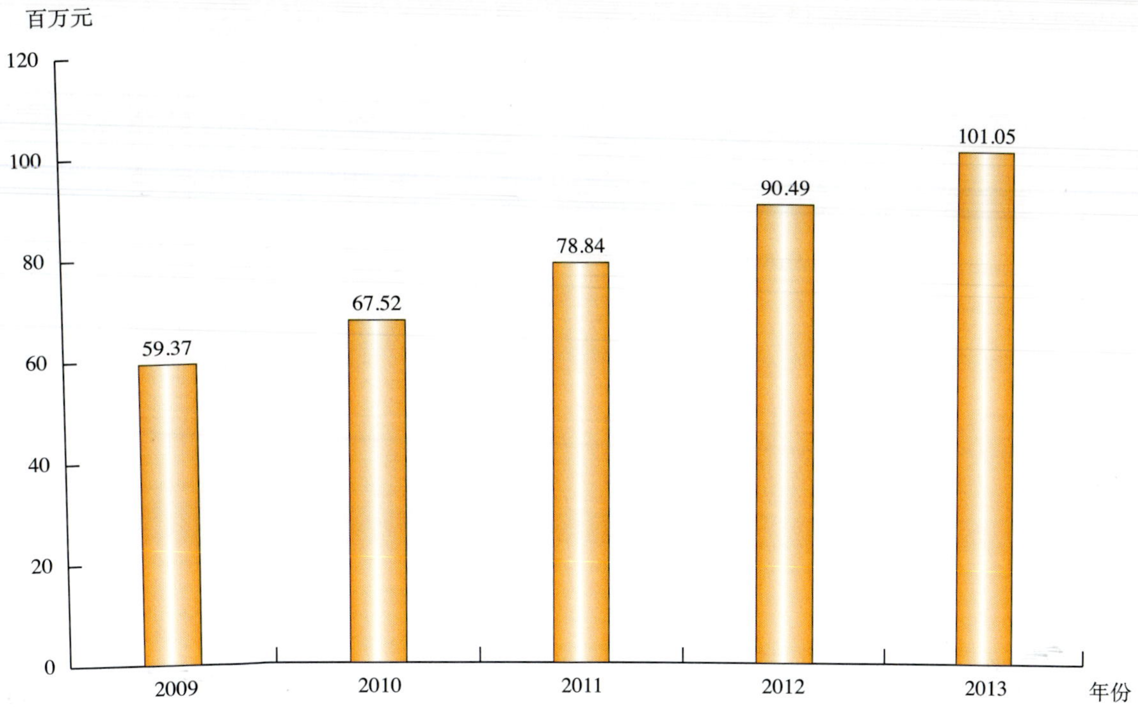

图5 2009—2013年全国渔业产值

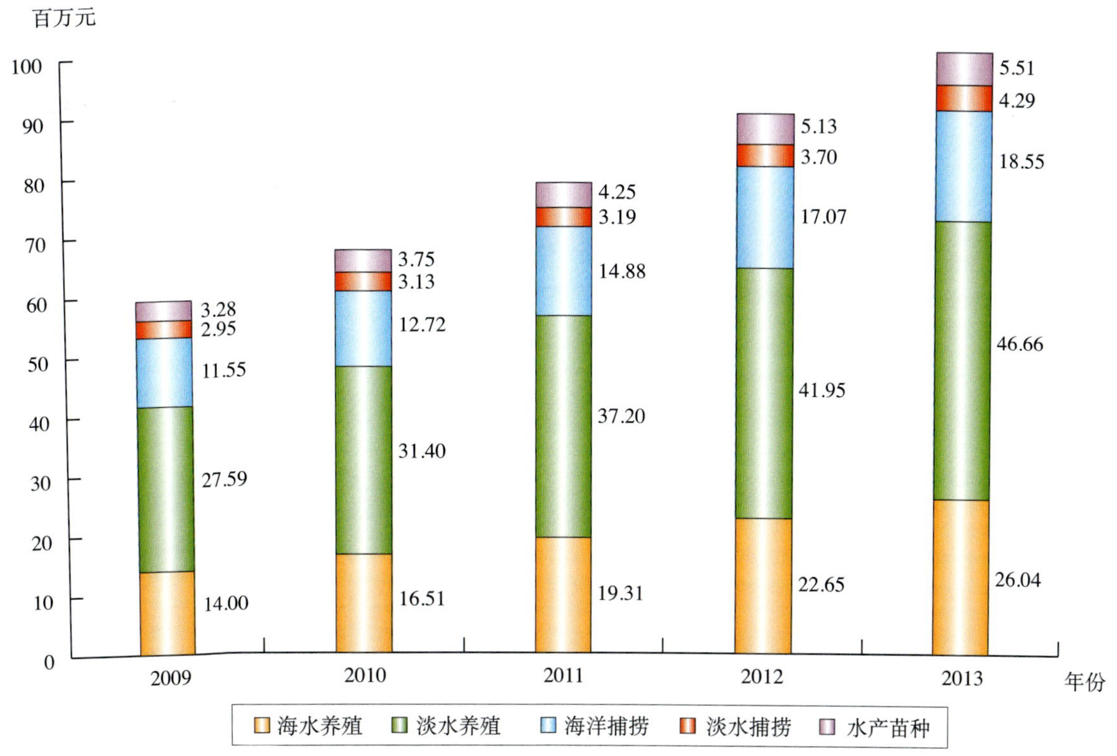

图6 2009—2013年全国渔业产值构成

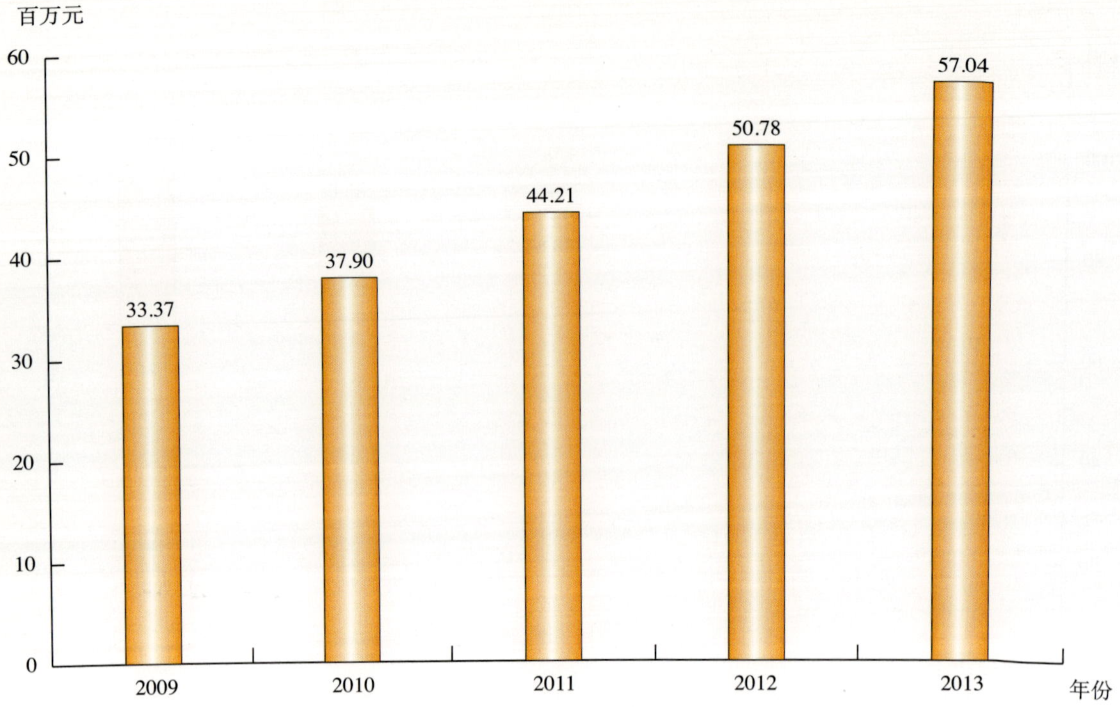

图7　2009—2013年全国渔业增加值

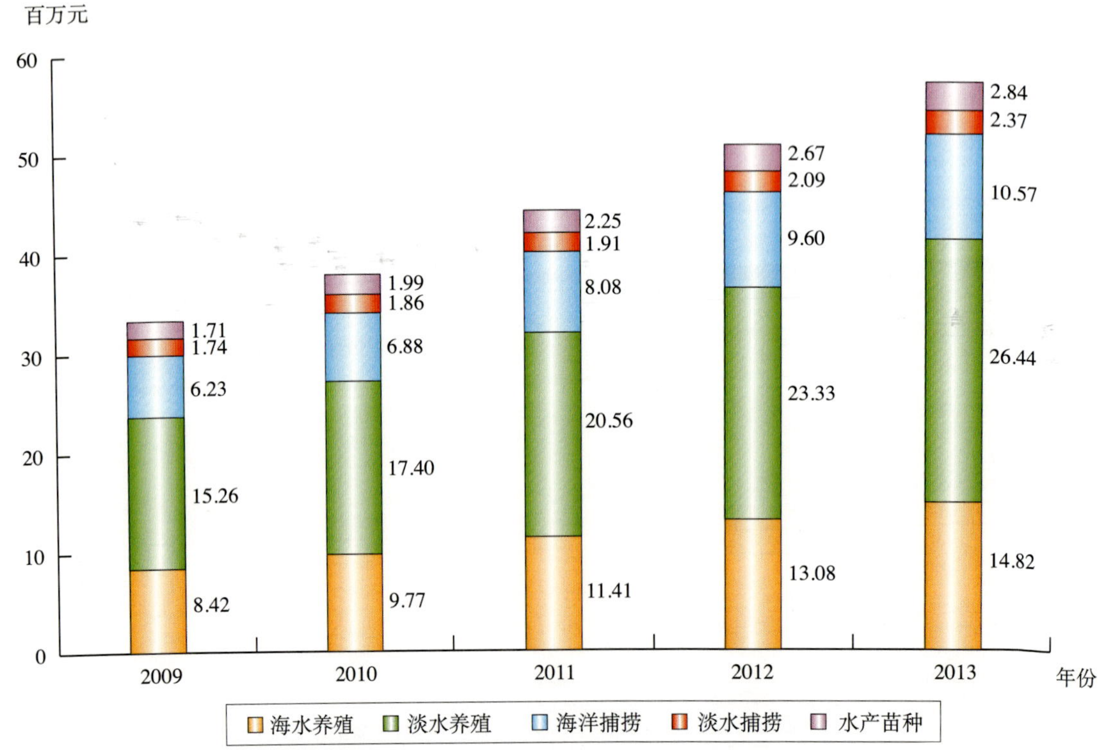

图8　2009—2013年全国渔业增加值构成

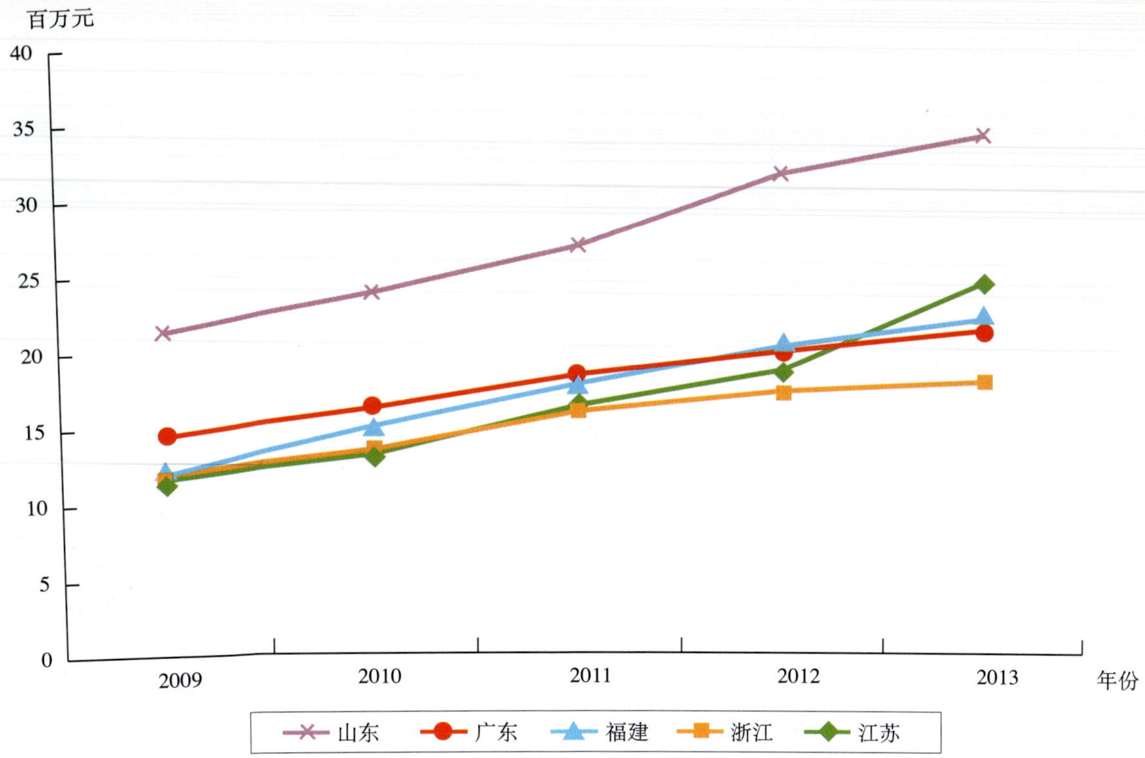

图9 2009—2013排名前五各省渔业经济总产值

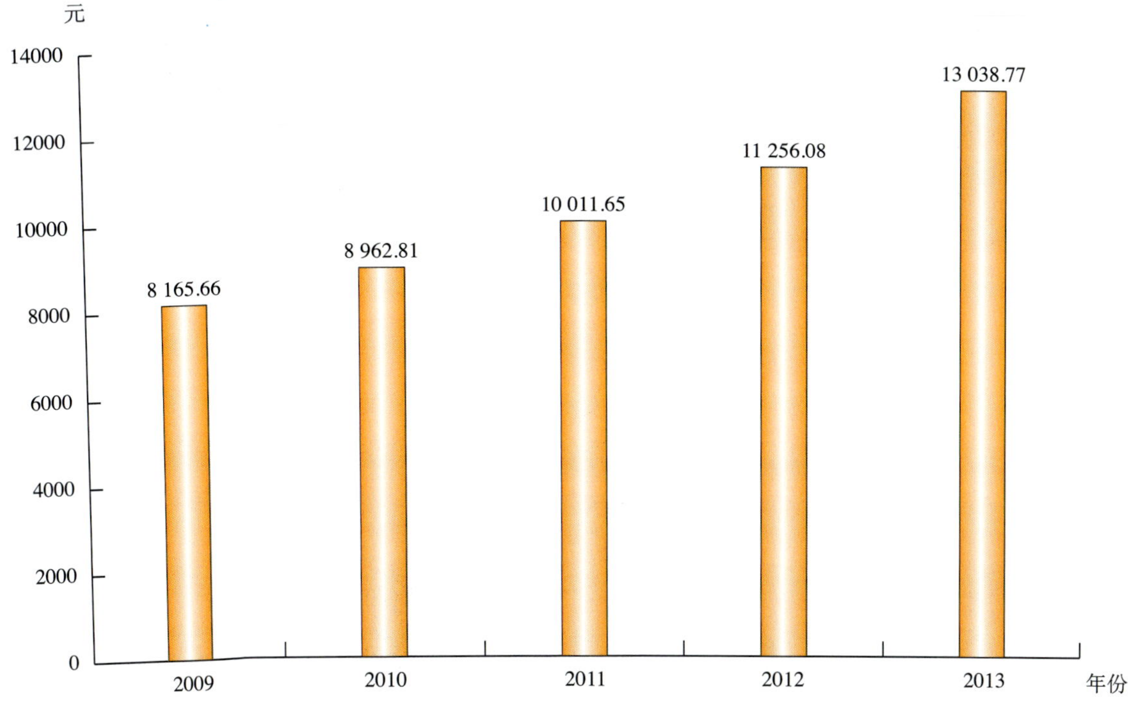

图10 2009—2013年全国渔民家庭人均纯收入

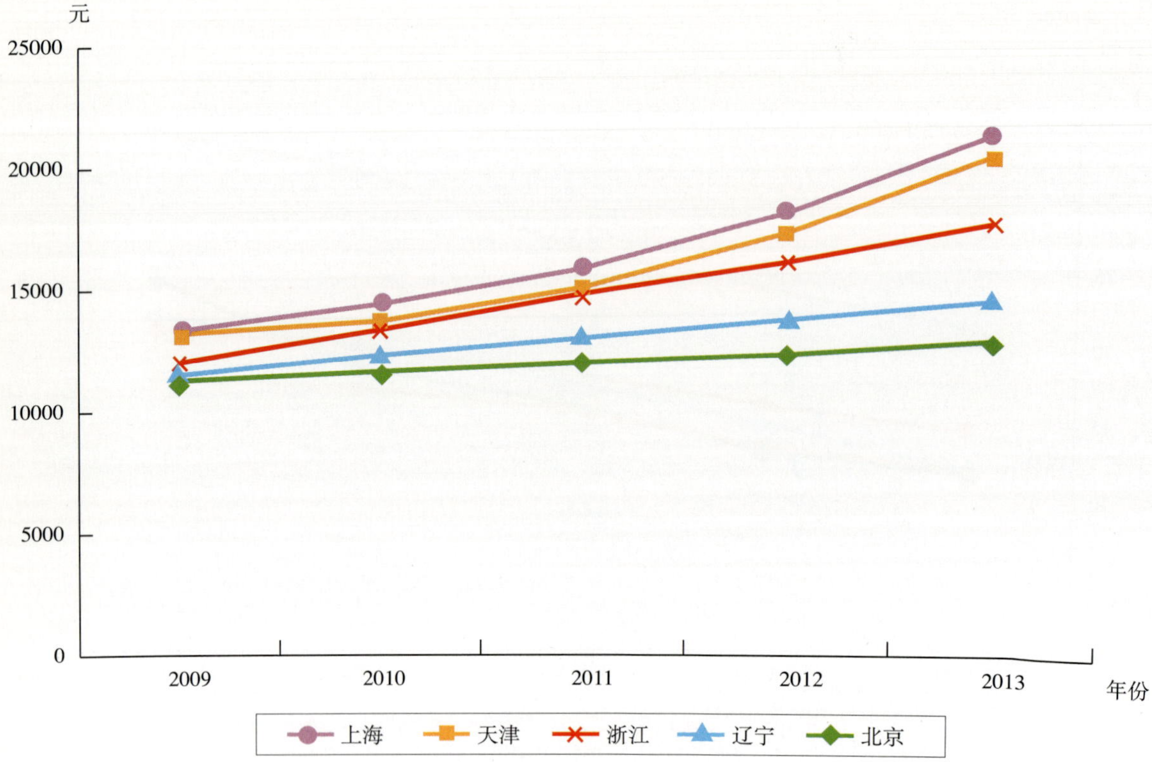

图11　2009—2013年排名前五各省、直辖市渔民家庭人均纯收入

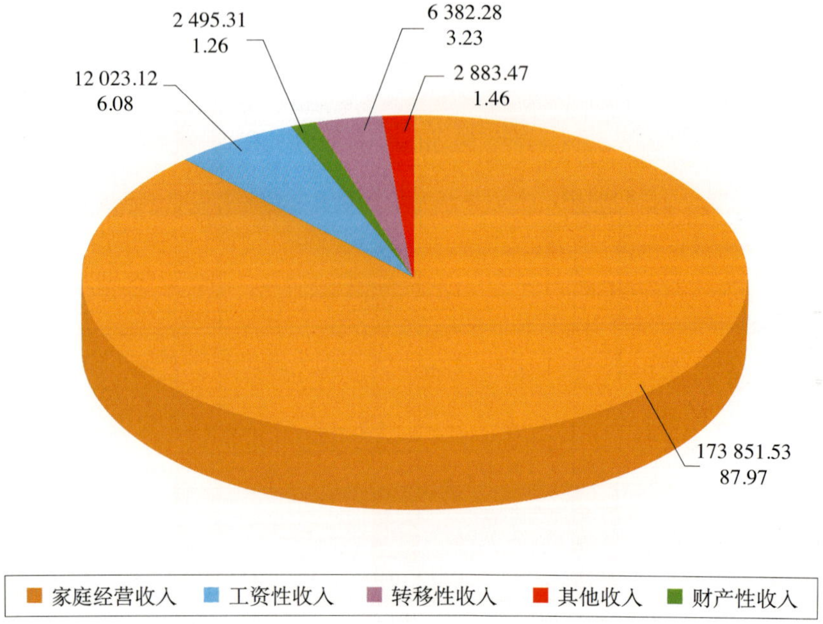

图12　2009年全国渔民家庭总收入及构成（单位：万元、%）

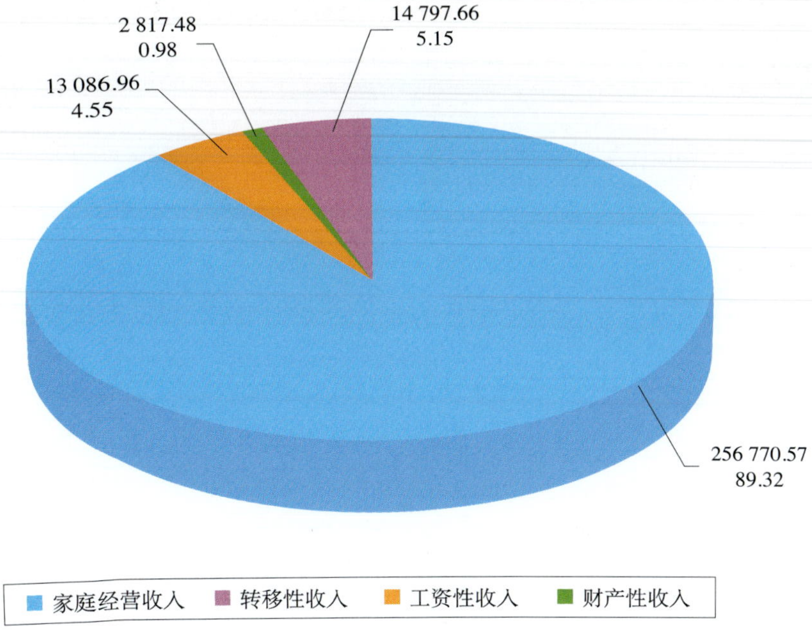

图13　2013年全国渔民家庭总收入及构成（单位：万元、%）

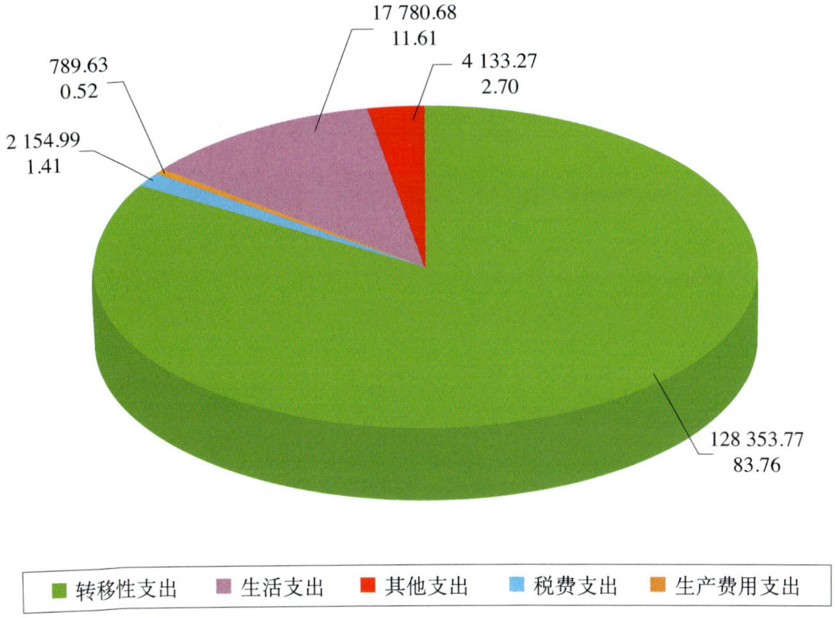

图14　2009年全国渔民家庭总支出及构成（单位：万元、%）

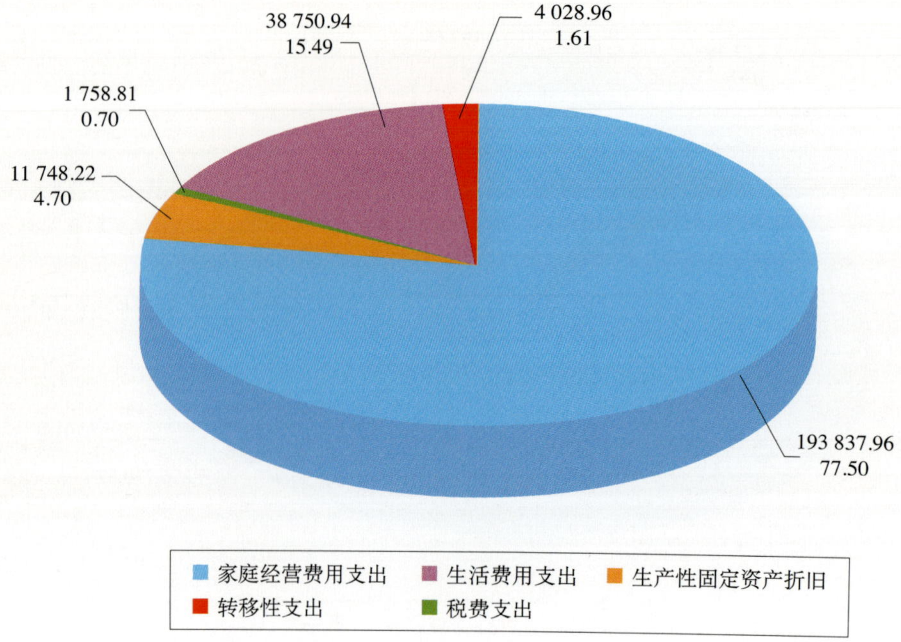

图15　2013年全国渔民家庭总支出及构成（单位：万元、%）

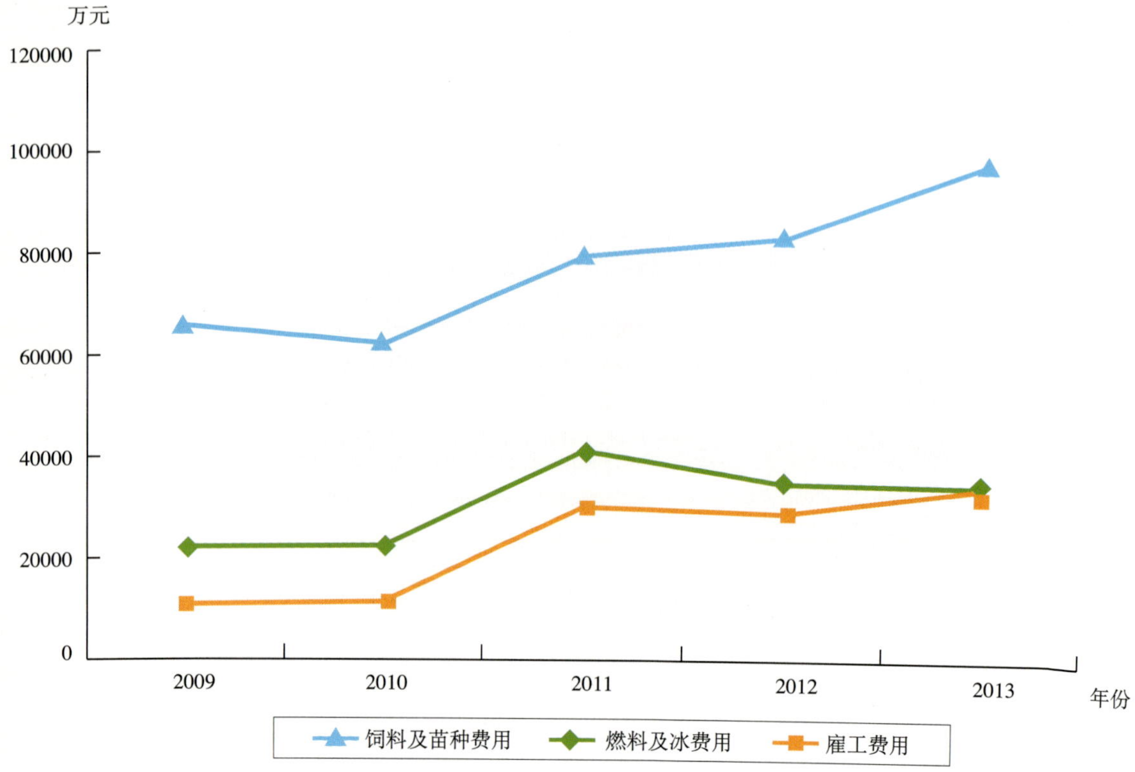

图16　2009—2013年全国渔民家庭经营支出情况

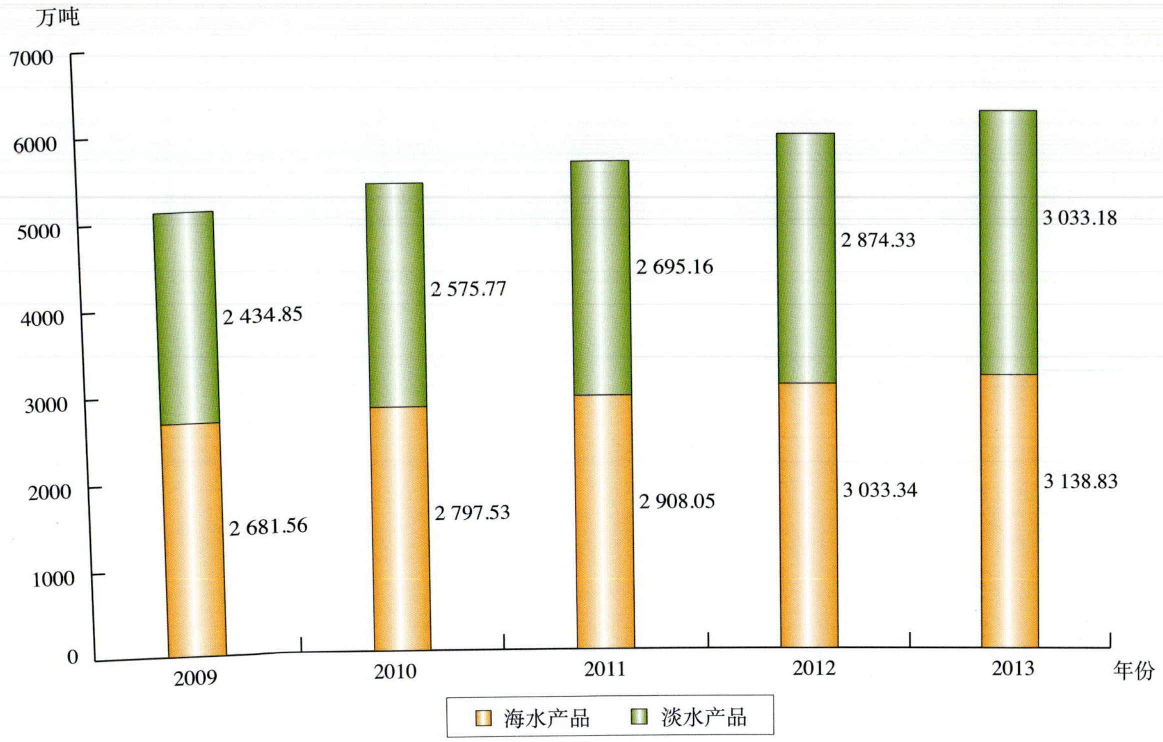

图17　2009—2013年全国水产品产量构成

图18　2009—2013年全国养殖产品产量构成

图19 2009—2013年全国捕捞产品产量构成

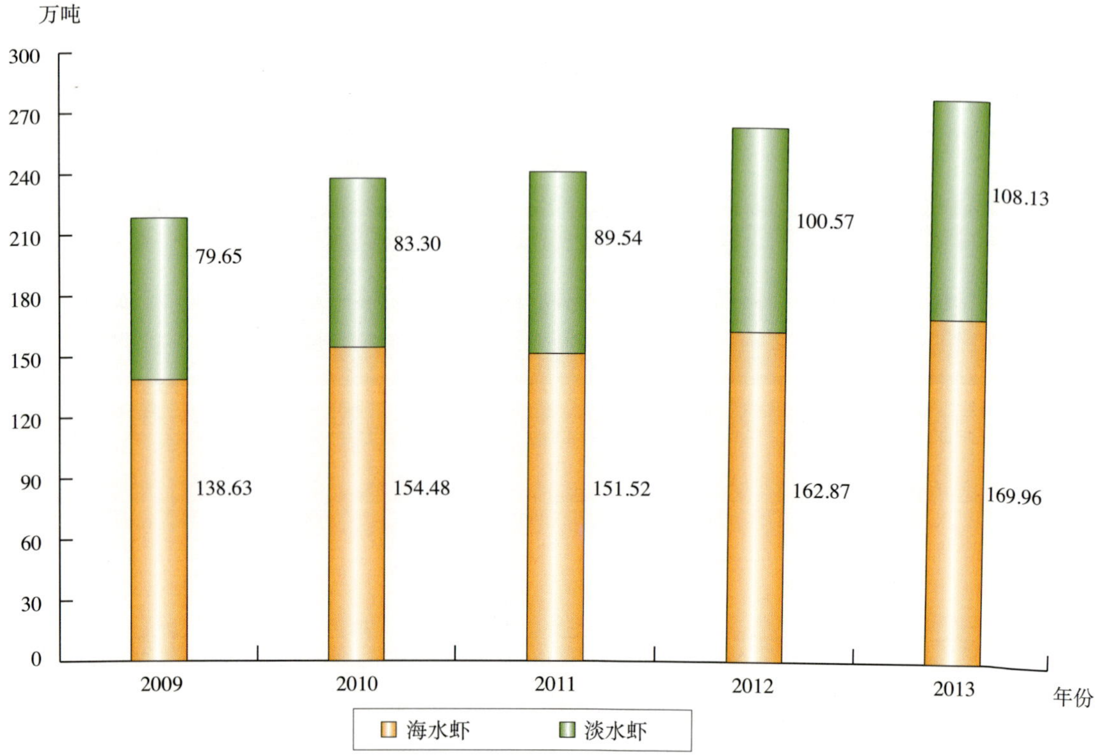

图20 2009—2013年全国养殖虾类产量构成

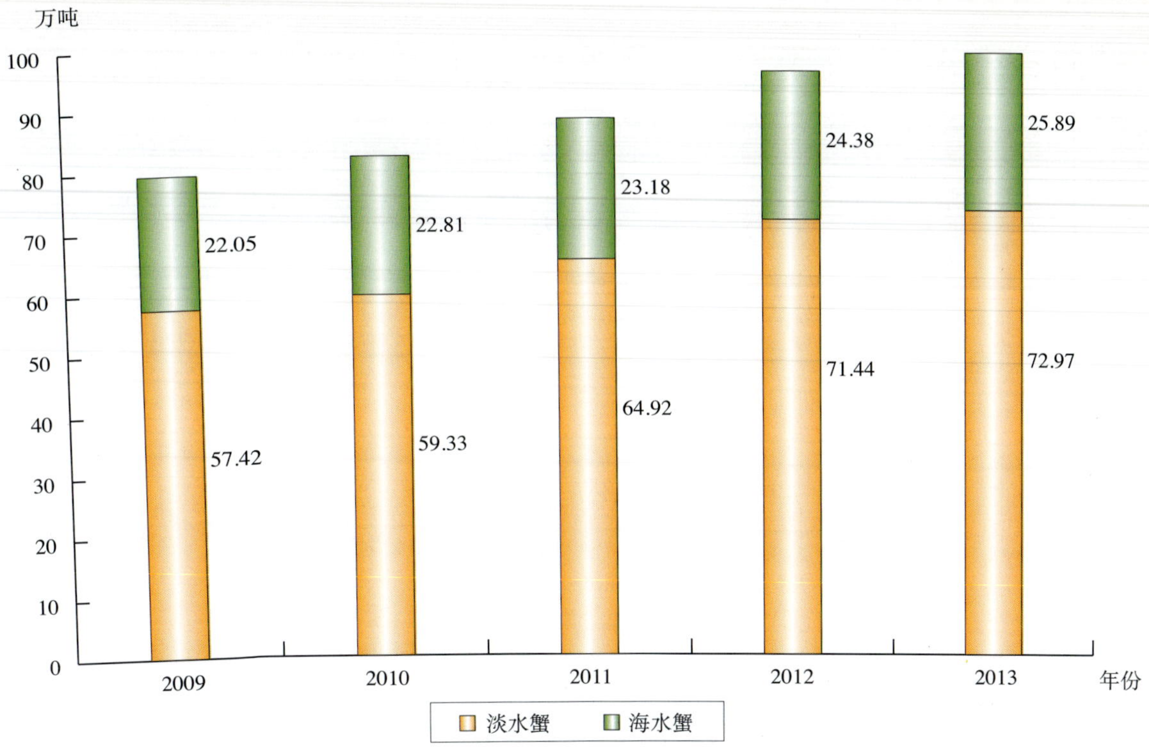

图21　2009—2013年全国养殖蟹类产量构成

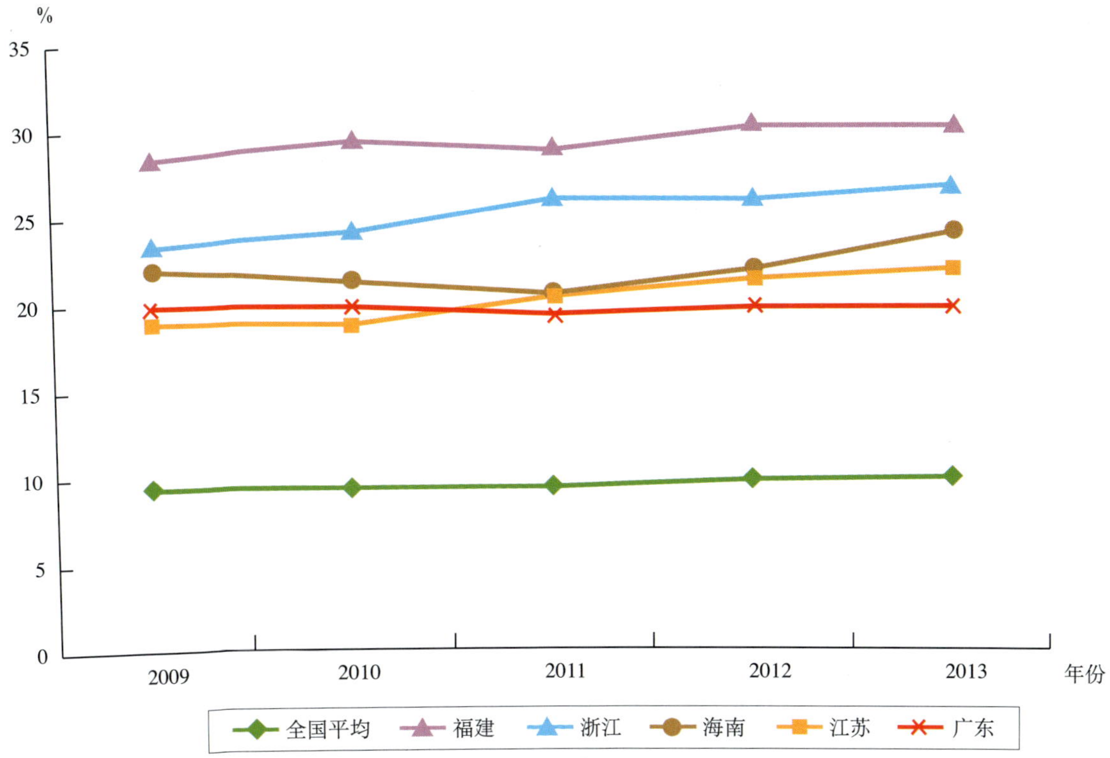

图22　2009—2013年全国及部分省份渔业产值占农林牧渔业总产值比重

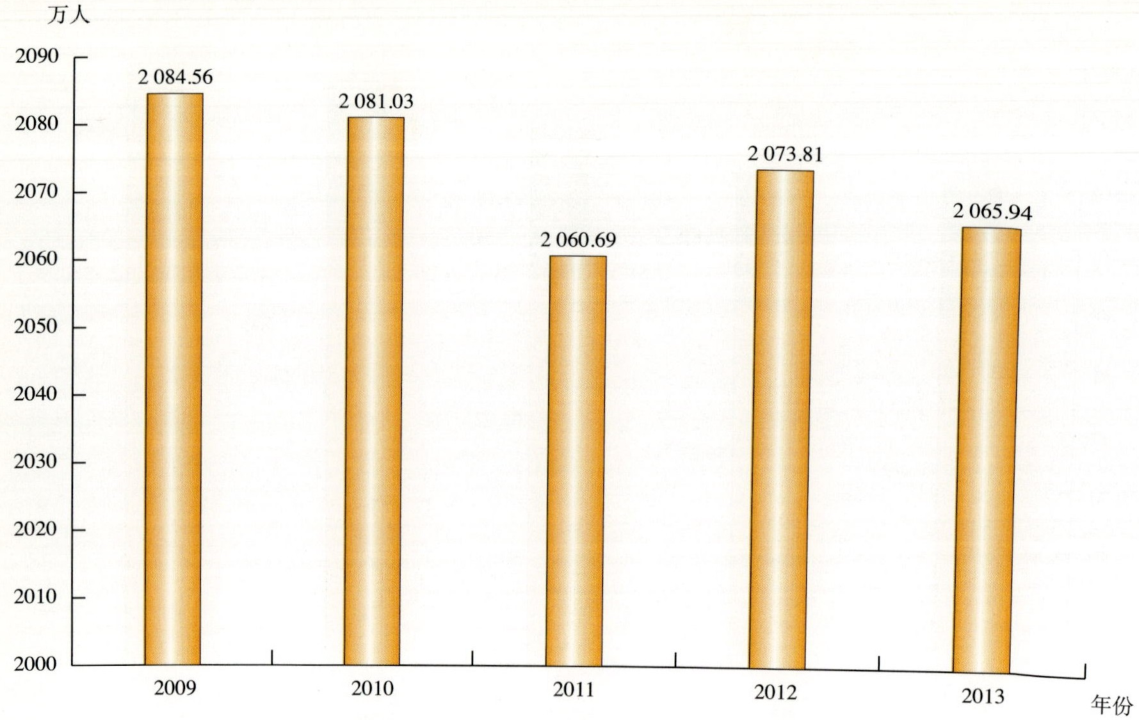

图23　2009—2013年全国渔业人口数量

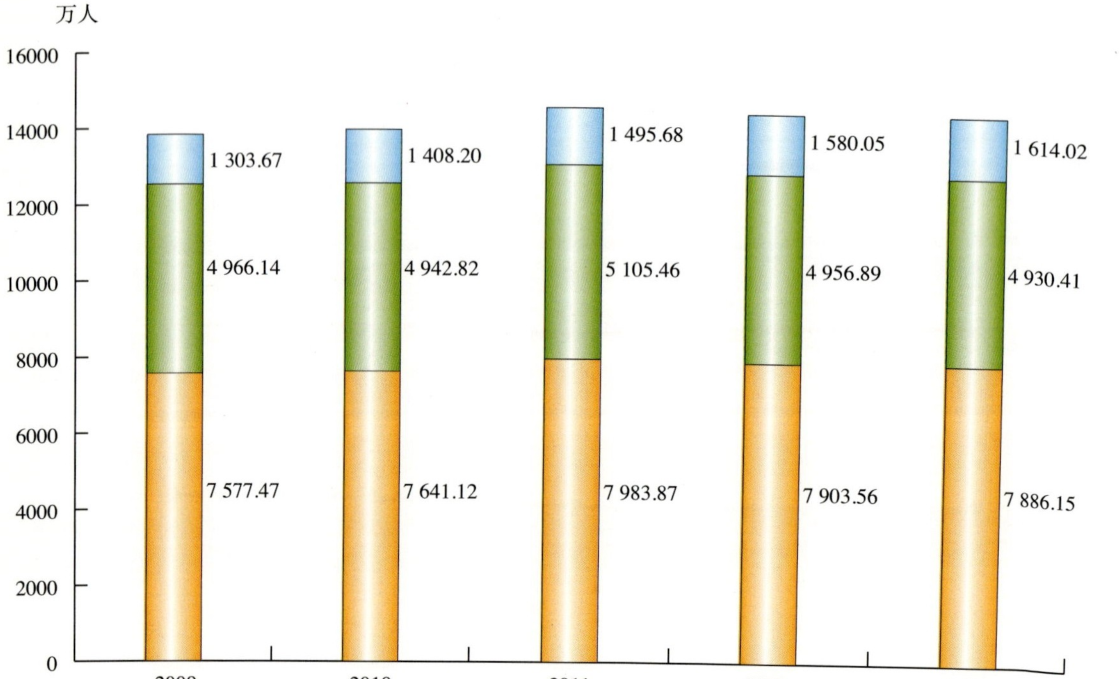

图24　2009—2013年全国渔业从业人员构成

2014

中国渔业统计年鉴

农业部渔业渔政管理局　编制

中 国 农 业 出 版 社

《中国渔业统计年鉴》编辑委员会

编 辑 说 明

一、《中国渔业统计年鉴》以正式出版年份标序。其统计数据起讫日期：渔民家庭收支调查起讫时间为2012年11月1日至2013年10月31日；全国渔业基础设施情况为截至2013年12月31日累计数据；渔业科技统计数据起讫时间为2012年1月1日至12月31日；其他数据起讫时间为2013年1月1日至12月31日。

二、统计数据中，远洋渔业数据按照远洋渔业管理办法进行统计；水产品贸易数据来源于中国海关统计；渔业基础设施、渔政管理、渔业科技数据来源于农业部相关统计资料；技术推广数据来源于全国水产技术推广总站；其余数据来源于31个省、自治区、直辖市渔业主管部门和中国农业发展集团总公司。

三、主要统计指标数据执行2013年度国家统计局批准执行的统计指标体系（国统制［2013］115号）。

四、度量衡单位均采用国际统一标准计量单位。涉及水产品产量数字一律采用1996年制定的水产品产量统计新标准统计。

五、部分数据合计数或相对数由于单位取舍不同而产生的计算误差，均未做机械调整。

六、全国统计数据中，均未包括香港特别行政区、澳门特别行政区和台湾省。

七、各表中的“空格”表示该项统计指标数据不足本表最小单位数、数据不详或无该项数据。本年鉴第一部分经济核算中，各地区渔民家庭收支调查数据采用新一轮渔民家庭调查户的数据，与历史数据不具备可比性。

八、本年鉴数据如有误列，敬请及时指正。

2013年全国渔业统计情况综述

一、全社会渔业经济总产值和增加值

按当年价格计算，全社会渔业经济总产值19 351.89亿元，实现增加值8 984.35亿元；其中渔业产值10 104.88亿元，实现增加值5 703.63亿元；渔业工业和建筑业产值4 521.05亿元，实现增加值1 637.12亿元；渔业流通和服务业产值4 725.96亿元，实现增加值1 643.60亿元。

渔业产值中，海洋捕捞产值1 855.38亿元，实现增加值1 056.81亿元；海水养殖产值2 604.47亿元，实现增加值1 481.54亿元；淡水捕捞产值428.71亿元，实现增加值236.98亿元；淡水养殖产值4 665.57亿元，实现增加值2 644.42亿元；水产苗种产值550.74亿元，实现增加值283.88亿元（渔业产值、增加值以国家统计局年报数为准）。

二、渔民人均纯收入

据对全国1万户渔民家庭当年收支情况抽样调查，全国渔民人均纯收入13 038.77元，比上年增加1 782.69元、增长15.84%。

三、水产品产量及人均占有量

全国水产品总产量6 172.00万吨，比上年增长4.47%。其中，养殖产量4 541.68万吨，占总产量的73.58%，同比增长5.91%；捕捞产量1 630.32万吨，占总产量的26.42%，同比增长0.68%。全国水产品人均占有量45.35千克（人口136 072万人），比上年增加1.72千克、增长3.94%。

在国内渔业生产中，鱼类产量3 631.97万吨，甲壳类产量639.58万吨，贝类产量1 380.36万吨，藻类产量189.33万吨，头足类产量66.43万吨，其他类产量129.14万吨。

总产量中，海水产品产量3 138.83万吨，占总产量的50.85%，同比增长3.48%；淡水产品产量3 033.18万吨，占总产量的49.15%，同比增长5.53%。

海水养殖：海水养殖产量1 739.25万吨，占海水产品产量的55.41%，比上年增加95.43万吨、增长5.81%。其中，鱼类产量112.36万吨，比上年增加9.52万吨、增长9.25%；甲壳类产量134.02万吨，比上年增加9.07万吨、增长7.26%；贝类产量1272.80万吨，比上年增加64.36万吨、增长5.33%；藻类产量185.68万吨，比上年增加9.21万吨、增长5.22%。海水养殖鱼类中，鲈鱼产量最高，为12.81万吨；鲆鱼产量位居第二，为12.26万吨；大黄鱼产量位居第三，为10.52万吨。

淡水养殖：淡水养殖产量2 802.43万吨，占淡水产品产量的92.39%，比上年增加157.89万吨、增长5.97%。其中，鱼类产量2 481.73万吨，比上年增加147.62万吨、增长6.32%；甲壳类产量242.94万吨，比上年增加8.64万吨、增长3.69%；贝类产量25.58万吨，比上年减少3 000吨、降低1.17%。淡水养殖鱼类产量中，草鱼最高，产量506.99万吨；鲢鱼位居第二，产量385.09万吨；鲤鱼位居第三，产量302.25万吨。甲壳类产量中，虾类产量169.96万吨，其中，南美白对虾和青虾养殖产量分别为61.74万吨和25.11万吨；蟹类（专指河蟹）产量72.99万吨，同比增长2.17%。贝类产量中，河蚌产量10.47万吨。其他类产量中，鳖产量34.37万吨，比上年增加1.23万吨、增长3.71%；珍珠产量2 000吨，同比降低22.18%。

海洋捕捞：海洋捕捞（不含远洋）产量1 264.38万吨，占海水产品产量的40.28%，比上年减少2.81万吨、降低0.22%。其中，鱼类产量871.76万吨，比上年减少4.08万吨、降低0.47%；甲壳类产量228.55万吨，比上年增加7.81万吨、增长3.54%；贝类产量54.76万吨，比上年减少1.59万吨、降低2.82%；藻类产量2.80万吨，比上年增加2 300万吨、增长8.97%；头足类产量66.43万吨，比上年减少3.46万吨、降低4.95%。海洋捕捞鱼类产量中，带鱼产量最高，为109.68万吨，占鱼类产量的12.58%；其次为鳀鱼，产量为86.68万吨，占鱼类产量的9.94%。

淡水捕捞：淡水捕捞产量230.74万吨，占淡水产品产量的7.60%，比上年增加9 600吨、增长0.42%。其中，鱼类产量166.12万吨，比上年增加2.52万吨、增长1.54%；甲壳类产量34.06万吨，比上年减少3 300吨、降低0.95%；贝类产量27.23万吨，比上年减少8 500吨、降低3.02%；藻类265吨，比上年增加229吨、增长636.11%。

远洋渔业：远洋渔业产量135.20万吨，占海水产品产量的4.30%，比上年增加12.85万吨、增长10.51%。

四、水产养殖面积

全国水产养殖面积8 321.70千公顷，比上年增加233.30千公顷、增长2.88%。其中，海水养殖面积2 315.57千公顷，占水产养殖总面积的

27.82%，比上年增加 134.64 千公顷、增长 6.17%；淡水养殖面积 6 006.13 千公顷，占水产养殖总面积的 72.18%，比上年增加 98.65 千公顷、增长 1.67%。

海水养殖面积：鱼类养殖面积为 80.11 千公顷，比上年增加 7.21 千公顷、增长 9.89%；甲壳类养殖面积 286.27 千公顷，比上年减少 3.68 千公顷、降低 1.27%；贝类养殖面积 1 564.97 千公顷，比上年增加 90.08 千公顷、增长 6.11%；藻类养殖面积 121.99 千公顷，比上年增加 1.19 千公顷、增长 0.98%。

淡水养殖面积：池塘养殖面积 2 623.18 千公顷，比上年增加 56.32 千公顷、增长 2.19%；水库养殖面积 1 957.97 千公顷，比上年增加 46.50 千公顷、增长 2.43%；湖泊养殖面积 1 022.69 千公顷，比上年减少 2.09 千公顷、降低 0.20%；河沟养殖面积 275.81 千公顷，比上年增加 990 公顷、增长 0.36%；其他养殖面积 126.49 千公顷，比上年减少 3.06 千公顷、降低 2.36%；稻田养成鱼面积 1 520.69 千公顷，比上年增加 225.77 千公顷、增长 17.43%。池塘、湖泊、水库、河沟和其他养殖方式面积分别占淡水养殖总面积的 43.68%、17.03%、32.59%、4.59%、2.11%。

五、渔船拥有量

年末渔船总数 107.17 万艘、总吨位 1 044.35 万吨。其中，机动渔船 69.49 万艘、总吨位 989.55 万吨、总功率 2 219.90 万千瓦；非机动渔船 37.68 万艘、总吨位为 54.80 万吨。

机动渔船中，生产渔船 66.36 万艘、总吨位 884.43 万吨、总功率 2 018.98 万千瓦。生产渔船中，捕捞渔船 45.24 万艘、总吨位 802.49 万吨、总功率 1 769.31 万千瓦；养殖渔船 21.12 万艘、总吨位 81.94 万吨、总功率 249.67 万千瓦。

机动渔船中，海洋渔业机动渔船 28.33 万艘、总吨位 813.32 万吨、总功率 1 640.12 万千瓦。海洋渔业机动渔船中，海洋捕捞渔船 19.68 万艘、总吨位 688.76 万吨、总功率 1 361.40 万千瓦，分别比上年增加 2 600 艘、37.01 万吨和 34.32 万千瓦。

六、渔业人口和渔业从业人员

渔业人口 2 065.94 万人，比上年减少 7.87 万人、降低 0.38%。渔业人口中传统渔民为 712.46 万人，比上年减少 11.12 万人、降低 1.54%。渔业从业人员 1 443.06 万人，比上年减少 9 900 人、降低 0.07%。

七、水产品进出口情况

据海关统计，我国水产品进出口总量812.94万吨，总额289.01亿美元，同比分别增长2.58%和7.12%。其中出口量395.91万吨，同比增长4.15%，出口额202.63亿美元，同比增长6.74%。进口量417.03万吨，进口额86.38亿美元，同比分别增长1.13和8.00%。

八、渔业灾情

全年由于渔业灾情造成水产品总量损失162.26万吨，经济损失257.42亿元。其中，受灾养殖面积1 079.72千公顷；沉船847艘，经济损失1.21亿元；死亡、失踪和重伤人数165人。

目　　录

第三部分　生产要素

第一部分

经济核算

第一部分

经济核算

1－1 总产值和增加值

全国渔业经济总产值、增加值
（按当年价格计算）

单位:万元

指 标	2013 年		2012 年		2013 年比 2012 年增减(±)	
	产值	增加值	产值	增加值	产值	增加值
渔业经济总产值	**193 518 860. 68**	**89 843 540. 12**	**173 218 756. 30**	**79 152 157. 37**	**20 300 104. 38**	**10 691 382. 75**
1. 渔业	101 048 771. 63	57 036 317. 37	90 487 460. 26	50 779 541. 23	10 561 311. 37	6 256 776. 14
其中:海水养殖	26 044 749. 84	14 815 371. 33	22 645 362. 95	13 081 797. 96	3 399 386. 89	1 733 573. 37
淡水养殖	46 655 686. 47	26 444 233. 70	41 948 183. 53	23 330 860. 10	4 707 502. 94	3 113 373. 60
海洋捕捞	18 553 808. 05	10 568 137. 67	17 066 706. 68	9 603 542. 87	1 487 101. 37	964 594. 80
淡水捕捞	4 287 137. 03	2 369 806. 94	3 698 492. 48	2 094 001. 87	588 644. 55	275 805. 07
水产苗种	5 507 390. 24	2 838 767. 73	5 128 714. 62	2 669 338. 43	378 675. 62	169 429. 30
2. 渔业工业和建筑业	45 210 465. 23	16 371 245. 37	41 271 932. 50	14 365 663. 18	3 938 532. 73	2 005 582. 19
其中:水产品加工	34 356 043. 63	12 512 314. 27	31 476 752. 53	10 997 962. 43	2 879 291. 10	1 514 351. 84
渔用机具制造	2 967 646. 53	1 106 153. 35	2 462 188. 53	901 785. 36	505 458. 00	204 367. 99
其中:渔船渔机修造	1 903 573. 56	665 203. 91	1 503 279. 10	535 777. 24	400 294. 46	129 426. 67
渔用绳网制造	942 552. 44	343 417. 98	853 401. 87	288 242. 66	89 150. 57	55 175. 32
渔用饲料	5 087 010. 08	1 640 720. 23	4 475 049. 88	1 398 622. 47	611 960. 20	242 097. 76
渔用药物	137 014. 27	52 048. 43	116 648. 64	39 722. 56	20 365. 63	12 325. 87
建筑业	1 731 216. 36	692 380. 71	1 579 796. 69	586 347. 27	151 419. 67	106 033. 44
其他	931 534. 36	367 628. 38	1 161 496. 23	441 223. 09	－229 961. 87	－73 594. 71
3. 渔业流通和服务业	47 259 623. 82	16 435 977. 38	41 459 363. 54	14 006 952. 96	5 800 260. 28	2 429 024. 42
其中:水产流通	39 481 673. 53	13 045 448. 94	34 531 615. 50	11 104 260. 15	4 950 058. 03	1 941 188. 79
水产(仓储)运输	2 424 520. 53	953 423. 32	2 202 544. 16	870 165. 31	221 976. 37	83 258. 01
休闲渔业	3 658 502. 99	1 697 775. 59	2 978 795. 75	1 314 035. 99	679 707. 24	383 739. 60
其他	1 694 926. 77	739 329. 53	1 746 408. 13	718 491. 51	－51 481. 36	20 838. 02

各地区渔业经济总产值、渔业产值
（按当年价格计算）

单位：万元

指　　标	2013 年		2013 年比 2012 年增减（±）		渔业产值占农业产值比重（%）
	渔业经济总产值	其中：渔业产值	渔业经济总产值	其中：渔业产值	
全国总计	**193 518 860.68**	**101 048 771.63**	**20 300 104.38**	**10 561 311.37**	**9.90**
北　京	232 070.75	127 809.59	11 740.95	-1 968.61	3.00
天　津	899 003.00	752 235.00	103 919.00	118 541.00	17.80
河　北	2 252 356.57	1 909 700.86	38 215.34	11 528.90	3.10
山　西	73 365.07	52 845.79	6 528.12	5 134.92	0.70
内蒙古	248 031.91	189 780.99	17 589.18	18 265.98	1.10
辽　宁	14 829 305.00	7 957 059.00	1 422 443.00	786 354.00	15.80
吉　林	337 190.00	256 746.00	16 329.15	5 130.29	1.40
黑龙江	810 153.00	690 261.00	-136 457.40	-110 399.00	1.80
上　海	829 233.90	655 041.90	14 462.40	17 911.40	18.40
江　苏	24 346 762.60	13 993 010.00	5 771 282.60	2 988 058.00	21.90
浙　江	17 851 956.00	7 320 691.00	652 684.00	159 827.00	26.70
安　徽	6 298 495.47	3 880 925.76	667 668.74	385 958.70	11.00
福　建	21 975 119.23	10 247 887.42	1 801 938.03	835 252.35	30.10
江　西	8 062 060.31	4 010 928.21	889 591.48	397 683.01	14.40
山　东	34 067 837.90	14 827 816.90	2 529 308.90	1 358 216.90	16.00
河　南	2 008 246.00	1 069 532.00	136 902.00	71 146.00	1.30
湖　北	17 484 974.00	8 384 881.00	2 615 993.00	1 315 655.00	14.50
湖　南	3 763 035.99	3 098 939.11	609 231.70	299 556.81	6.10
广　东	21 248 502.12	10 048 944.16	1 412 085.75	635 672.88	19.70
广　西	5 063 812.29	3 838 685.82	460 270.87	349 162.89	9.80
海　南	3 983 823.00	2 919 534.00	493 178.00	386 671.00	24.00
重　庆	855 681.18	588 918.80	138 829.48	99 967.28	3.60
四　川	3 005 238.18	1 943 459.44	224 047.95	148 033.46	3.20
贵　州	382 552.97	371 033.92	-67 593.03	-64 514.08	2.30
云　南	1 099 259.37	684 068.58	221 791.35	130 441.20	2.30
西　藏	1 503.51	1 035.41	40.11	20.41	0.10
陕　西	595 423.15	464 778.75	77 770.75	61 444.45	0.70
甘　肃	19 362.54	17 528.54	-500.52	1 266.38	0.10
青　海	12 600.00	12 600.00	1 645.00	1 645.00	0.40
宁　夏	274 393.72	153 472.08	17 290.79	872.88	3.10
新　疆	223 530.95	194 639.60	33 296.69	30 193.97	0.70
中农发集团	383 981.00	383 981.00	118 581.00	118 581.00	

各地区渔业经济总产值(一)
(按当年价格计算)

单位:万元

地　区	总　计	一、渔业产值			
		合　计	海水养殖	淡水养殖	海洋捕捞
全国总计	**193 518 860.68**	**101 048 771.63**	**26 044 749.84**	**46 655 686.47**	**18 553 808.05**
北　京	232 070.75	127 809.59		90 344.99	6 406.00
天　津	899 003.00	752 235.00	92 806.00	475 130.00	147 418.00
河　北	2 252 356.57	1 909 700.86	733 300.97	558 922.94	373 791.03
山　西	73 365.07	52 845.79		49 881.44	
内蒙古	248 031.91	189 780.99		145 249.09	
辽　宁	14 829 305.00	7 957 059.00	4 001 411.00	1 627 519.00	1 488 019.00
吉　林	337 190.00	256 746.00		207 581.00	
黑龙江	810 153.00	690 261.00		567 869.60	
上　海	829 233.90	655 041.90		444 103.00	188 782.00
江　苏	24 346 762.60	13 993 010.00	2 001 773.81	8 725 703.97	1 705 214.02
浙　江	17 851 956.00	7 320 691.00	1 419 116.00	1 957 964.00	3 575 291.00
安　徽	6 298 495.47	3 880 925.76		3 045 800.82	
福　建	21 975 119.23	10 247 887.42	4 909 493.91	1 759 349.65	3 002 739.25
江　西	8 062 060.31	4 010 928.21		3 302 759.00	
山　东	34 067 837.90	14 827 816.90	7 490 851.00	2 452 067.00	3 951 341.90
河　南	2 008 246.00	1 069 532.00		880 924.00	
湖　北	17 484 974.00	8 384 881.00		6 989 348.00	
湖　南	3 763 035.99	3 098 939.11		2 856 960.70	
广　东	21 248 502.12	10 048 944.16	3 491 656.15	4 847 188.55	1 252 443.85
广　西	5 063 812.29	3 838 685.82	1 130 660.00	1 450 189.00	951 046.00
海　南	3 983 823.00	2 919 534.00	773 681.00	431 023.00	1 527 335.00
重　庆	855 681.18	588 918.80		496 429.94	
四　川	3 005 238.18	1 943 459.44		1 632 786.00	
贵　州	382 552.97	371 033.92		331 808.15	
云　南	1 099 259.37	684 068.58		583 015.68	
西　藏	1 503.51	1 035.41		542.98	
陕　西	595 423.15	464 778.75		430 862.65	
甘　肃	19 362.54	17 528.54		16 924.78	
青　海	12 600.00	12 600.00		12 600.00	
宁　夏	274 393.72	153 472.08		132 002.58	
新　疆	223 530.95	194 639.60		152 834.96	
中农发集团	383 981.00	383 981.00			383 981.00

各地区渔业经济总产值(二)
(按当年价格计算)

单位:万元

地区	一、渔业产值(续)		二、渔业工业和建筑业		
	淡水捕捞	水产苗种	合计	水产品加工	渔用机具制造 小计
全国总计	**4 287 137.03**	**5 507 390.24**	**45 210 465.23**	**34 356 043.63**	**2 967 646.53**
北京	5 909.10	25 149.50	25 740.72	5 657.11	
天津	16 660.00	20 221.00	6 870.00	360.00	
河北	121 163.06	122 522.86	244 247.57	203 629.70	10 303.00
山西	1 874.50	1 089.85	2 047.18		
内蒙古	32 777.44	11 754.46	18 164.00	18 164.00	
辽宁	84 577.00	755 533.00	3 712 608.00	3 121 074.00	119 113.00
吉林	35 415.00	13 750.00	41 273.00	40 868.00	45.00
黑龙江	78 619.00	43 772.40	24 943.00	5 250.00	
上海	9 203.00	12 953.90	162 247.00	162 247.00	
江苏	1 078 456.02	481 862.18	3 256 163.34	2 043 934.06	223 960.30
浙江	191 264.00	177 056.00	6 091 549.00	5 135 335.00	241 866.00
安徽	585 353.89	249 771.05	971 023.69	404 334.17	446 060.44
福建	191 204.74	385 099.87	7 478 698.00	6 096 275.00	662 030.00
江西	398 747.00	309 422.21	2 378 732.67	1 788 533.60	15 056.00
山东	233 358.00	700 199.00	11 194 217.00	8 617 579.00	1 116 422.00
河南	54 239.00	134 369.00	241 955.00	62 410.00	2 042.00
湖北	494 847.00	900 686.00	3 237 939.00	2 751 439.00	13 670.00
湖南	45 355.45	196 622.96	170 384.35	103 124.14	3 887.00
广东	161 511.46	296 144.15	3 898 808.49	2 401 621.39	78 244.03
广西	134 656.00	172 134.82	586 129.78	508 757.53	2 214.67
海南	23 219.00	164 276.00	900 873.00	796 943.00	29 410.00
重庆	41 721.00	50 767.86	61 031.19	2 233.65	2 142.00
四川	142 214.00	168 459.44	271 418.74	11 160.19	5.00
贵州	21 840.54	17 385.23	5 847.26	155.01	117.19
云南	55 795.14	45 257.76	155 330.26	67 363.58	
西藏	492.43				
陕西	17 585.00	16 331.10	26 023.40	15.00	1 058.90
甘肃		603.76	25.00		
青海					
宁夏	241.50	21 228.00	35 005.89	3 360.00	
新疆	28 837.76	12 966.88	11 169.70	4 220.50	
中农发集团					

各地区渔业经济总产值(三)
(按当年价格计算)

单位:万元

地区	二、渔业工业和建筑业(续)					
	渔用机具制造(续)					
	渔船渔机修造	渔用绳网制造	渔用饲料	渔用药物	建筑	其他
全国总计	**1 903 573.56**	**942 552.44**	**5 087 010.08**	**137 014.27**	**1 731 216.36**	**931 534.36**
北京			17 841.56	242.05	2 000.00	
天津			6 510.00			
河北	8 549.79	1 274.21	24 590.00	1.00	4 750.00	973.87
山西			434.56	1 612.62		
内蒙古						
辽宁	90 807.00	20 251.00	151 099.00	9 168.00	257 796.00	54 358.00
吉林	15.00	30.00	360.00			
黑龙江			19 386.00	240.00		67.00
上海						
江苏	123 087.84	93 160.93	764 037.82	45 256.97	87 794.39	91 179.80
浙江	153 561.00	84 276.00	438 944.00	1 682.00	168 625.00	105 097.00
安徽	5 758.30	440 302.14	55 972.55	1 836.42	18 333.68	44 486.43
福建	611 677.00	49 992.00	498 619.00	1 409.00	42 231.00	178 134.00
江西	1 405.00	13 651.00	439 546.74	15 973.00	106 176.33	13 447.00
山东	851 463.00	178 514.00	231 040.00	15 407.00	798 684.00	415 085.00
河南	47.00	1 995.00	172 066.00	3 941.00	1 496.00	
湖北	2 572.00	11 098.00	297 050.00	10 829.00	162 437.00	2 514.00
湖南	2 365.00	1 353.00	54 755.62	4 920.96	2 511.62	1 185.01
广东	31 865.03	36 971.00	1 340 935.28	5 348.82	52 895.52	19 763.45
广西	1 354.00	860.67	70 429.77	3 209.71	1 406.00	112.10
海南	17 688.00	7 387.00	68 927.00	2 417.00	1 333.00	1 843.00
重庆	1 003.00	1 139.00	49 779.22	158.00	6 295.82	422.50
四川	5.00		249 434.33	10 814.22		5.00
贵州		117.19	5 575.06			
云南			80 852.48	624.00	6 454.00	36.20
西藏						
陕西	350.60	180.30	11 540.00	612.50	9 972.00	2 825.00
甘肃					25.00	
青海						
宁夏			31 645.89			
新疆			5 638.20	1 311.00		
中农发集团						

各地区渔业经济总产值(四)
(按当年价格计算)

单位:万元

地　区	三、渔业流通和服务业				
	合　计	水产流通	水产(仓储)运输	休闲渔业	其　他
全国总计	**47 259 623.82**	**39 481 673.53**	**2 424 520.53**	**3 658 502.99**	**1 694 926.77**
北　京	78 520.44	32 494.83	2 107.16	43 806.45	112.00
天　津	139 898.00	85 787.00	4 816.00	28 448.00	20 847.00
河　北	98 408.14	55 267.39	12 553.00	19 040.75	11 547.00
山　西	18 472.10	14 332.96	708.00	3 421.14	10.00
内蒙古	40 086.92	18 354.73	3 761.71	17 970.48	
辽　宁	3 159 638.00	2 417 923.00	301 325.00	341 017.00	99 373.00
吉　林	39 171.00	24 066.00	725.00	13 144.00	1 236.00
黑龙江	94 949.00	54 978.00	5 284.00	33 925.00	762.00
上　海	11 945.00	2 945.00		9 000.00	
江　苏	7 097 589.26	6 025 380.15	235 058.66	569 473.32	267 677.13
浙　江	4 439 716.00	3 911 223.00	153 991.00	171 767.00	202 735.00
安　徽	1 446 546.02	1 139 343.53	78 524.98	215 143.14	13 534.37
福　建	4 248 533.81	3 791 392.40	187 329.03	51 348.00	218 464.38
江　西	1 672 399.43	1 472 021.89	58 218.81	120 428.56	21 730.17
山　东	8 045 804.00	5 729 578.00	900 440.00	746 992.00	668 794.00
河　南	696 759.00	617 721.00	4 028.00	72 176.00	2 834.00
湖　北	5 862 154.00	5 052 827.00	192 734.00	602 545.00	14 048.00
湖　南	493 712.53	422 255.85	8 666.23	58 141.41	4 649.04
广　东	7 300 749.47	6 971 020.31	61 557.59	229 478.97	38 692.60
广　西	638 996.69	522 237.27	54 468.58	10 276.56	52 014.28
海　南	163 416.00	127 392.00	7 132.00	3 384.00	25 508.00
重　庆	205 731.19	151 582.92	10 692.60	36 059.18	7 396.49
四　川	790 360.00	483 899.68	107 471.40	185 942.71	13 046.21
贵　州	5 671.79	4 168.36	278.81	1 059.04	165.58
云　南	259 860.53	207 897.02	17 184.88	29 665.76	5 112.87
西　藏	468.10	374.43		93.67	
陕　西	104 621.00	64 419.10	5 377.20	30 831.50	3 993.20
甘　肃	1 809.00	372.50	29.40	1 407.10	
青　海					
宁　夏	85 915.75	72 856.31	9 130.59	3 284.40	644.45
新　疆	17 721.65	7 561.90	926.90	9 232.85	
中农发集团					

各地区渔业经济增加值(一)
(按当年价格计算)

单位:万元

地　区	总　计	一、渔业增加值			
		合　计	海水养殖	淡水养殖	海洋捕捞
全国总计	**89 843 540.12**	**57 036 317.37**	**14 815 371.33**	**26 444 233.70**	**10 568 137.67**
北　京	67 582.87	39 902.29		26 107.14	600.00
天　津	388 418.00	359 042.00	45 817.00	224 841.00	68 293.00
河　北	1 241 561.11	1 111 313.86	433 436.18	330 365.62	220 938.70
山　西	12 585.67	9 447.66		8 934.35	
内蒙古	133 161.84	108 292.67		80 203.48	
辽　宁	7 508 038.00	5 026 069.00	2 578 554.00	966 920.00	943 433.00
吉　林	99 290.00	77 399.00		61 935.00	
黑龙江	384 348.25	330 449.83		272 577.41	
上　海	190 723.80	150 659.64		102 143.69	43 419.86
江　苏	11 701 449.21	7 597 174.96	884 059.42	5 335 347.34	790 085.59
浙　江	6 287 040.00	4 252 209.00	831 602.00	1 147 367.00	2 095 121.00
安　徽	2 856 490.10	2 196 116.02		1 713 872.29	
福　建	11 677 531.83	5 681 239.17	2 743 658.93	983 208.34	1 678 073.65
江　西	4 113 520.38	2 761 093.93		2 230 794.90	
山　东	16 342 176.51	8 959 666.51	4 594 366.00	1 503 927.00	2 344 781.51
河　南	946 526.00	698 473.00		592 584.00	
湖　北	8 228 817.00	4 967 393.00		4 174 639.00	
湖　南	2 359 680.93	2 017 099.48		1 859 595.75	
广　东	6 921 605.70	3 657 426.87	1 325 500.00	1 697 028.00	450 366.00
广　西	3 012 664.69	2 544 707.66	825 381.80	945 378.21	627 690.36
海　南	2 451 015.00	2 143 521.00	552 996.00	314 361.00	1 168 990.00
重　庆	539 685.68	440 484.73		387 197.52	
四　川	1 494 904.58	1 137 247.82		947 015.88	
贵　州	237 844.68	230 411.91		206 052.86	
云　南	251 869.12	178 193.99		136 822.19	
西　藏	687.68	440.18		163.20	
陕　西	99 824.12	94 253.08		87 833.36	
甘　肃	3 707.66	3 428.06		3 350.30	
青　海	10 000.00	10 000.00		10 000.00	
宁　夏	79 456.18	61 527.97		50 820.99	
新　疆	64 988.53	55 288.08		42 846.88	
中农发集团	136 345.00	136 345.00			136 345.00

各地区渔业经济增加值(二)
(按当年价格计算)

单位:万元

地　区	一、渔业增加值(续)		二、渔业工业和建筑业		
	淡水捕捞	水产苗种	合　计	水产品加工	渔用机具制造 小　计
全国总计	**2 369 806.94**	**2 838 767.73**	**16 371 245.37**	**12 512 314.27**	**1 106 153.35**
北　京	2 281.59	10 913.56	5 488.06	1 339.15	
天　津	8 768.00	11 323.00	2 306.00	180.00	
河　北	71 616.50	54 956.86	91 948.59	75 492.02	4 925.00
山　西	286.27	227.04	401.14		
内蒙古	21 605.92	6 483.27	7 838.30	7 838.30	
辽　宁	59 208.00	477 954.00	1 163 027.00	1 008 499.00	35 680.00
吉　林	11 184.00	4 280.00	4 686.00	4 579.00	18.00
黑龙江	37 737.12	20 135.30	8 322.90	2 415.00	
上　海	2 116.69	2 979.40	37 316.81	37 316.81	
江　苏	372 634.65	215 047.96	1 261 475.55	803 442.13	89 799.95
浙　江	112 081.00	66 038.00	1 256 588.00	1 047 755.00	65 847.00
安　徽	356 921.51	125 322.22	332 783.33	142 554.36	157 381.96
福　建	106 854.31	169 443.94	3 960 251.03	3 291 988.50	284 672.90
江　西	321 117.50	209 181.53	819 954.30	612 585.01	5 281.00
山　东	143 126.00	373 466.00	3 826 127.00	2 804 792.00	408 170.00
河　南	38 370.00	67 519.00	63 257.00	26 723.00	708.00
湖　北	331 245.00	461 509.00	1 330 787.00	1 115 997.00	8 746.00
湖　南	29 521.85	127 981.88	109 353.95	67 030.69	2 127.00
广　东	57 500.00	127 032.87	1 479 255.19	1 035 744.61	34 813.77
广　西	87 526.40	58 730.89	210 257.57	188 432.52	1 205.20
海　南	17 042.00	90 132.00	248 747.00	218 525.00	5 992.00
重　庆	32 560.00	20 727.21	16 174.21	555.69	560.80
四　川	96 705.52	93 526.42	83 140.15	3 352.77	2.00
贵　州	13 562.97	10 796.08	3 631.14	96.26	72.77
云　南	25 796.66	15 575.14	29 549.06	13 137.79	
西　藏	276.98				
陕　西	3 416.42	3 003.30	2 367.00	1.00	150.00
甘　肃		77.76	3.00		
青　海					
宁　夏	92.98	10 614.00	12 748.15	564.48	
新　疆	8 651.10	3 790.10	3 460.94	1 377.18	
中农发集团					

各地区渔业经济增加值(二)
(按当年价格计算)

单位:万元

地区	二、渔业工业和建筑业(续)					
	渔用机具制造(续)		渔用饲料	渔用药物	建筑	其他
	渔船渔机修造	渔用绳网制造				
全国总计	**665 203.91**	**343 417.98**	**1 640 720.23**	**52 048.43**	**692 380.71**	**367 628.38**
北京			3 493.76	97.15	558.00	
天津			2 126.00			
河北	3 969.07	775.93	9 300.00		2 025.00	206.57
山西			99.41	301.73		
内蒙古						
辽宁	27 421.00	5 897.00	33 158.00	3 367.00	65 174.00	17 149.00
吉林	4.00	14.00	89.00			
黑龙江			5 815.80	72.00		20.10
上海						
江苏	48 244.18	34 398.73	257 008.83	18 866.56	40 233.24	52 124.84
浙江	41 479.00	23 543.00	79 177.00	387.00	38 649.00	24 773.00
安徽	2 667.00	154 714.96	14 317.34	618.01	5 015.76	12 895.90
福建	263 021.11	21 496.56	264 268.07	746.77	22 382.43	96 192.36
江西	468.85	4 812.15	153 344.25	7 087.61	37 529.13	4 127.30
山东	258 412.00	67 597.00	83 249.00	4 699.00	374 199.00	151 018.00
河南	19.00	689.00	34 598.00	808.00	420.00	
湖北	1 725.00	7 021.00	120 154.00	5 151.00	79 904.00	835.00
湖南	1 408.20	718.80	35 591.15	3 015.60	975.28	614.23
广东	11 715.30	20 357.28	380 160.76	2 402.37	19 584.14	6 549.54
广西	597.40	607.80	18 751.75	1 117.89	679.00	71.21
海南	3 669.00	458.00	22 930.00	749.00	114.00	437.00
重庆	331.80	224.00	12 697.65	55.81	2 197.13	107.13
四川	2.00		77 840.75	1 942.63		2.00
贵州		72.77	3 462.11			
云南			15 210.47	116.00	1 063.60	21.20
西藏						
陕西	50.00	20.00	2.00	55.00	1 675.00	484.00
甘肃					3.00	
青海						
宁夏			12 183.67			
新疆			1 691.46	392.30		
中农发集团						

各地区渔业经济增加值(四)
(按当年价格计算)

单位:万元

地区	三、渔业流通和服务业				
	合计	水产流通	水产(仓储)运输	休闲渔业	其他
全国总计	**16 435 977.38**	**13 045 448.94**	**953 423.32**	**1 697 775.59**	**739 329.53**
北京	22 192.52	1 462.20	1 968.38	18 713.53	48.41
天津	27 070.00	6 848.00	611.00	11 745.00	7 866.00
河北	38 298.66	19 512.16	3 841.60	6 976.40	7 968.50
山西	2 736.87	1 653.00	92.00	988.87	3.00
内蒙古	17 030.87	5 316.95	2 156.13	9 557.79	
辽宁	1 318 942.00	994 183.00	130 867.00	152 204.00	41 688.00
吉林	17 205.00	11 948.00	159.00	4 842.00	256.00
黑龙江	45 575.52	26 389.44	2 536.32	16 284.00	365.76
上海	2 747.35	677.35		2 070.00	
江苏	2 842 798.70	2 377 692.89	77 353.81	283 922.92	103 829.08
浙江	778 243.00	600 400.00	42 838.00	58 390.00	76 615.00
安徽	327 590.75	206 463.20	27 215.95	89 890.43	4 021.17
福建	2 036 041.63	1 819 868.35	82 424.77	26 700.96	107 047.55
江西	532 472.15	464 654.12	20 230.67	40 018.63	7 568.73
山东	3 556 383.00	2 470 922.00	356 533.00	398 434.00	330 494.00
河南	184 796.00	152 728.00	910.00	30 072.00	1 086.00
湖北	1 930 637.00	1 524 872.00	96 204.00	302 574.00	6 987.00
湖南	233 227.50	192 282.21	3 570.04	34 884.85	2 490.40
广东	1 784 923.64	1 646 992.01	32 486.89	88 734.94	16 709.80
广西	257 699.46	229 252.30	12 570.27	4 772.82	11 104.07
海南	58 747.00	49 811.00	3 929.00	2 533.00	2 474.00
重庆	83 026.74	59 078.46	4 540.76	15 652.25	3 755.27
四川	274 516.61	144 762.12	43 620.22	80 367.87	5 766.40
贵州	3 801.63	2 588.55	173.14	937.12	102.82
云南	44 126.07	31 559.95	2 532.46	9 520.70	512.96
西藏	247.50	175.00		72.50	
陕西	3 204.04	900.00	263.00	1 719.54	321.50
甘肃	276.60	36.20	2.56	237.84	
青海					
宁夏	5 180.06	152.18	3 515.28	1 264.49	248.11
新疆	6 239.51	2 268.30	278.07	3 693.14	
中农发集团					

1－2 渔民家庭收支

全国渔民人均纯收入

单位:元

地 区	2013 年	2012 年	2013 年比 2012 年增减(±)	
			绝对量	幅度(%)
全国总计	**13 038.77**	**11 256.08**	**1 782.69**	**15.84**
北 京	12 961.58	12 357.39	604.20	4.89
天 津	20 579.04	17 355.01	3 224.03	18.58
河 北	10 600.00	9 639.01	960.99	9.97
山 西	7 015.02	6 035.60	979.42	16.23
内 蒙 古	10 204.00	9 086.00	1 118.00	12.30
辽 宁	14 600.00	13 800.00	800.00	5.80
吉 林	8 762.00	8 533.42	228.59	2.68
黑 龙 江	10 970.00	9 370.03	1 599.97	17.08
上 海	21 453.09	18 200.16	3 252.92	17.87
江 苏	18 066.68	16 101.11	1 965.57	12.21
浙 江	17 780.01	16 160.00	1 620.00	10.02
安 徽	10 727.44	9 401.35	1 326.09	14.11
福 建	13 323.85	11 601.32	1 722.53	14.85
江 西	10 510.30	9 513.00	997.30	10.48
山 东	14 388.00	12 533.00	1 855.00	14.80
河 南	10 373.17	9 823.04	550.14	5.60
湖 北	12 107.00	9 585.00	2 522.00	26.31
湖 南	11 993.42	7 178.41	4 815.01	67.08
广 东	12 251.00	11 136.78	1 114.22	10.00
广 西	17 459.98	14 896.23	2 356.75	17.21
海 南	13 081.01	11 839.44	1 241.57	10.49
重 庆	10 750.00	9 180.00	1 570.00	17.10
四 川	10 972.00	9 523.00	1 449.00	15.22
贵 州	9 020.00	6 939.57	2 080.43	29.98
云 南	6 708.00	5 783.78	924.22	15.98
西 藏				
陕 西	8 333.00	7 243.52	1 089.48	15.04
甘 肃	5 328.34	3 044.24	2 284.10	75.03
青 海	14 910.05			
宁 夏	8 850.00	7 900.00	950.00	12.03
新 疆	11 382.00	10 221.37	1 160.63	11.35

各地区渔民家庭收支调查(一)

单位:万元

地　区	一、家庭总收入	(一)家庭经营收入	1. 出售水产品	2. 家庭其他经营	(二)工资性收入	1. 渔业	2. 其他行业
全国总计	**287 472.65**	**256 770.57**	**234 668.42**	**22 102.14**	**13 086.96**	**5 563.43**	**7 523.53**
北　京	1 782.86	1 407.74	1 264.30	143.44	135.67	53.98	81.69
天　津	4 066.80	3 967.74	3 913.46	54.27	38.81	27.05	11.76
河　北	29 245.42	27 679.18	27 207.57	471.61	165.57	92.77	72.79
山　西	4 920.99	4 867.27	4 782.24	85.03	41.00	13.93	27.07
内蒙古	2 336.16	2 150.23	1 242.14	908.08	133.59	10.20	123.39
辽　宁	41 120.97	37 594.74	34 662.08	2 932.66	1 351.63	623.11	728.52
吉　林	5 116.32	4 874.74	3 778.22	1 096.52	153.10	30.05	123.05
黑龙江	7 621.50	6 923.83	5 654.27	1 269.56	486.79	368.30	118.49
上　海	2 867.98	2 622.99	2 540.20	82.79	116.48	9.04	107.44
江　苏	16 946.71	15 321.55	14 255.92	1 065.63	1 061.57	389.51	672.06
浙　江	18 640.53	15 361.84	14 942.97	418.87	1 268.84	729.60	539.25
安　徽	11 703.34	10 739.69	9 558.26	1 181.43	615.28	185.76	429.53
福　建	11 797.97	10 392.91	9 872.17	520.74	694.30	342.06	352.24
江　西	6 792.05	6 347.69	5 667.55	680.14	168.72	38.28	130.44
山　东	28 090.81	24 068.08	22 302.25	1 765.83	1 047.01	363.11	683.89
河　南	9 739.76	8 766.31	7 307.61	1 458.70	802.64	113.24	689.39
湖　北	9 005.64	8 088.00	7 227.43	860.58	696.86	184.10	512.76
湖　南	6 712.45	5 855.62	4 769.74	1 085.88	620.77	250.78	369.99
广　东	17 403.43	12 206.19	10 304.80	1 901.39	1 409.85	846.58	563.26
广　西	7 705.66	6 284.64	5 705.99	578.65	348.60	137.02	211.59
海　南	2 712.96	2 488.58	2 141.16	347.42	42.34	11.35	30.98
重　庆	2 451.32	2 109.73	1 893.40	216.33	183.15	34.14	149.00
四　川	6 307.90	5 665.15	4 863.01	802.14	459.28	91.47	367.81
贵　州	6 131.91	6 050.74	5 973.48	77.27	55.28	32.44	22.84
云　南	9 936.12	9 526.91	8 217.76	1 309.15	374.84	166.00	208.84
西　藏							
陕　西	4 464.17	4 264.32	3 707.95	556.37	184.55	175.29	9.26
甘　肃	2 655.33	2 471.14	2 387.34	83.80	57.43	0.00	57.43
青　海	675.66	539.38	461.68	77.70	61.30	1.00	60.30
宁　夏	2 539.22	2 413.30	2 350.12	63.18	115.71	77.25	38.46
新　疆	5 980.72	5 720.34	5 713.34	7.00	196.00	166.00	30.00

各地区渔民家庭收支调查(二)

单位:万元

地区	一、家庭总收入(续)							
	(三)财产性净收入	1. 利息	2. 红利	3. 储蓄性保险	4. 土地或水面经营权租金	5. 其他财产性净收入	(四)转移性收入	1. 养老或退休金
全国总计	**2 817.48**	**806.88**	**652.80**	**61.05**	**635.48**	**661.27**	**1 395.87**	**371.20**
北京	100.44	1.96	0.01	0.03	16.38	82.06	39.14	15.10
天津	10.16	3.11	1.24	0.10	2.55	3.16	3.46	1.56
河北	180.40	30.70	105.71	0.04	40.73	3.22	14.20	4.00
山西	1.02				0.63	0.39	1.32	0.64
内蒙古	16.88	8.10	0.98		5.04	2.76	17.72	7.80
辽宁	156.72	41.07	0.05	0.77	113.57	1.26	125.96	86.19
吉林	61.65	7.55	2.00		32.10	20.00	7.60	6.80
黑龙江	127.11	34.29	26.80	20.22	22.65	23.15	37.73	15.05
上海	6.06	4.15			1.81	0.10	16.15	7.92
江苏	259.85	106.68	68.89	2.66	19.61	62.01	92.48	44.46
浙江	112.34	53.18	44.54	0.16	7.25	7.21	59.08	9.52
安徽	102.41	29.21	25.88	2.62	25.31	19.40	82.98	12.00
福建	85.12	5.12	51.04	0.43	6.68	21.85	57.49	10.19
江西	63.86	14.16	24.18	0.40	8.68	16.44	170.72	8.27
山东	418.86	108.42	63.94	17.36	72.00	157.14	98.33	11.96
河南	69.67	26.20	0.57	0.90	13.67	28.33	61.42	6.86
湖北	84.04	41.78	24.44	4.44	4.08	9.29	81.79	9.94
湖南	62.58	16.84	9.28	1.41	1.03	34.03	53.77	8.00
广东	342.60	180.53	117.71	1.52	10.41	32.43	61.25	34.82
广西	111.55	17.56	18.18		43.38	32.42	70.01	6.53
海南	157.80	2.80			155.00		3.85	1.23
重庆	55.15	6.03	12.38	4.82	5.80	26.11	81.67	9.15
四川	46.88	17.22	9.43	2.96	14.53	2.74	100.98	33.04
贵州	10.77	6.55	0.82		1.00	2.40	9.54	0.19
云南	4.40	2.13		0.10	1.94	0.23	10.13	6.85
西藏								
陕西							5.55	5.15
甘肃	78.98	25.28	42.72	0.11	7.72	3.15	13.60	0.95
青海	73.00	1.00	2.00			70.00	1.87	
宁夏	1.93				1.93		6.44	5.45
新疆	15.23	15.23					9.63	1.58

各地区渔民家庭收支调查(三)

单位:万元

地　区	一、家庭总收入(续)					二、家庭总支出	(一)家庭经营费用支出	
	(四)转移性收入(续)			(五)生产性补贴	其中:渔业			1. 经营渔业支出
	2. 社会救济或政策性生活补贴	3. 赡养收入	4. 其他转移性收入					
全国总计	**178.77**	**184.95**	**660.94**	**13 401.79**	**12 883.78**	**250 124.89**	**193 837.96**	**183 523.49**
北　京	9.89	5.41	8.74	99.86	98.86	1 556.79	903.11	800.81
天　津	0.48		1.42	46.63	46.20	2 948.90	2 584.75	2 569.05
河　北	8.14		2.06	1 206.07	1 205.61	27 846.55	23 221.23	23 001.49
山　西	0.08	0.60		10.38	9.54	4 987.27	4 201.50	4 105.41
内蒙古	2.08	1.48	6.36	17.74	5.90	1 981.38	1 147.27	735.49
辽　宁	17.48	13.13	9.16	1 891.91	1 840.57	36 254.74	29 258.78	28 062.54
吉　林	0.70	0.10		19.24	3.97	5 037.05	3 456.61	2 980.44
黑龙江	6.58	10.50	5.59	46.04	24.35	5 587.22	4 471.79	4 005.92
上　海	2.80	0.66	4.77	106.30	102.64	2 551.01	2 091.12	2 086.82
江　苏	17.33	5.18	25.50	211.27	189.53	12 933.25	10 563.63	10 326.46
浙　江	7.84	2.68	39.05	1 838.42	1 837.57	17 810.06	12 443.98	12 326.28
安　徽	7.59	9.93	53.46	162.98	131.25	10 046.38	6 753.95	6 169.75
福　建	5.90	1.43	39.97	568.14	566.35	10 717.79	8 218.96	7 941.49
江　西	18.22	16.45	127.78	41.06	24.85	5 993.31	4 785.45	4 328.58
山　东	15.67	13.53	57.16	2 458.53	2 296.57	25 066.06	18 606.54	17 791.96
河　南	5.13	8.41	41.02	39.72	20.31	8 414.55	6 048.68	5 687.50
湖　北	11.22	2.31	58.32	54.95	25.70	7 365.87	5 146.31	4 735.10
湖　南	6.93	6.73	32.10	119.71	88.00	4 595.76	3 185.09	2 831.34
广　东	6.02	8.86	11.56	3 383.54	3350.73	15 511.56	11 666.28	10 024.54
广　西	6.10	37.34	20.05	890.87	853.60	6 101.84	4 387.35	4 127.94
海　南	0.02		2.60	20.39	19.99	2 504.20	2 079.29	1 675.51
重　庆	2.27	27.22	43.02	21.62	15.93	2 255.77	1 764.66	1 626.49
四　川	3.14	7.38	57.42	35.61	20.38	5 154.23	3 602.87	3 290.53
贵　州	9.00		0.35	5.58	5.58	5 204.57	4 616.89	4 609.04
云　南	0.92	0.23	2.14	19.82	19.61	7 944.83	6 818.02	6 079.59
西　藏								
陕　西		0.40		9.75	9.75	4 094.51	3 497.60	3 388.02
甘　肃	5.60	4.68	2.37	34.18	29.41	2 335.26	1 924.21	1 877.10
青　海	0.70		1.17	0.11		197.12	88.05	82.32
宁　夏	0.94		0.04	1.84	1.50	2 311.01	1 988.01	1 943.08
新　疆		0.30	7.75	39.52	39.52	4 816.05	4 315.98	4 312.92

各地区渔民家庭收支调查(四)

单位:万元

地区	一、家庭总支出(续)				
	(一)家庭经营费用支出(续)				
	1. 经营渔业支出(续)				2. 经营其他行业支出
	a. 燃料及冰费用	b. 雇工费用	c. 饲料及苗种费用	d. 其他费用	
全国总计	**34 637.52**	**34 330.56**	**98 163.49**	**16 391.92**	**10 314.47**
北京	43.44	72.67	616.52	68.17	102.29
天津	167.75	267.86	1 700.24	433.19	15.70
河北	4 805.19	5 160.50	8 821.94	4 213.87	219.74
山西	414.78	1 119.63	2 246.63	324.38	96.09
内蒙古	25.45	104.20	529.60	76.23	411.79
辽宁	6 718.35	7 628.31	11 880.37	1 835.52	1 196.24
吉林	303.42	600.36	1 911.62	165.04	476.17
黑龙江	305.10	309.61	3 240.20	151.01	465.88
上海	241.39	188.86	1 398.57	258.01	4.30
江苏	1 116.54	1 598.46	7 031.95	579.51	237.17
浙江	5 898.71	3 227.18	1 523.34	1 677.04	117.70
安徽	293.05	753.19	4 562.24	561.28	584.20
福建	1 667.58	1 491.31	4 271.26	511.34	277.47
江西	256.20	270.54	3 394.38	407.45	456.87
山东	5 547.87	6 035.37	4 049.02	2 159.70	814.59
河南	133.80	276.93	4 882.84	393.93	361.18
湖北	198.49	333.06	3 942.38	261.17	411.21
湖南	249.52	196.73	2 274.56	110.53	353.75
广东	4 422.82	2 846.04	1 953.55	802.13	1 641.74
广西	784.61	361.31	2 739.80	242.23	259.41
海南	177.61	155.98	1 268.52	73.41	403.78
重庆	74.79	103.10	1 281.26	167.34	138.17
四川	108.81	150.22	2 739.30	292.20	312.33
贵州	105.06	97.90	4 387.97	18.10	7.85
云南	104.62	188.93	5 456.72	329.32	738.44
西藏					
陕西	123.80	275.80	2 830.50	157.92	109.59
甘肃	118.47	179.00	1 550.01	29.62	47.11
青海		35.28	47.04		5.73
宁夏	25.00	118.74	1 711.09	88.25	44.93
新疆	205.30	183.52	3 920.09	4.00	3.06

各地区渔民家庭收支调查(五)

单位:万元

地　区	二、家庭总收入(续)							
	(二)生产性固定资产折旧	其中:渔业固定资产折旧	(三)税费支出	其中:渔业税费支出	(四)生活消费支出	其中:伙食消费支出	衣着消费支出	(五)转移性支出
全国总计	**11 748.22**	**9 976.04**	**1 758.81**	**1 424.28**	**38 750.94**	**14 625.25**	**3 357.67**	**4 028.96**
北　京	93.57	57.60	0.79	0.16	472.94	142.58	41.03	86.38
天　津	39.47	37.39			304.38	129.76	21.35	20.30
河　北	1 643.35	1 460.38	63.05	63.03	2 545.00	1 180.66	195.15	373.93
山　西	143.08	133.01			513.59	136.23	51.63	129.10
内蒙古	164.33	40.26	0.40		608.11	153.71	60.30	61.27
辽　宁	1 283.02	1 172.46	382.02	361.59	4 978.43	1 773.86	529.59	352.50
吉　林	249.75	133.31	11.12	0.20	1 297.86	502.68	124.35	21.71
黑龙江	114.58	85.83	68.23	20.20	870.41	336.80	85.49	62.21
上　海	104.75	97.53	32.81	32.61	297.35	127.83	24.87	24.98
江　苏	284.19	234.56	158.79	152.32	1 663.69	559.88	160.75	262.96
浙　江	1 312.45	1 172.59	110.49	106.24	3 715.21	683.57	219.61	227.93
安　徽	367.73	294.67	381.40	346.93	2 285.83	855.50	198.37	257.46
福　建	675.30	665.47	21.76	21.60	1 680.96	842.76	170.20	120.81
江　西	98.89	70.55	0.09	0.05	975.64	490.40	90.86	133.24
山　东	2 292.09	1 929.22	123.74	77.24	3 463.82	1 163.59	363.41	579.88
河　南	255.12	160.01	25.44	21.06	1 929.15	716.89	187.88	156.16
湖　北	136.91	106.00	77.22	64.68	1 786.33	628.55	232.27	219.11
湖　南	166.73	92.96	49.49	28.34	1 084.81	434.94	84.30	109.63
广　东	937.86	872.45	85.55	75.68	2 622.85	1 386.87	116.03	199.01
广　西	327.07	298.81	96.12	32.29	1 183.11	599.72	70.98	108.18
海　南	86.02	67.17	0.27	0.27	331.69	150.33	13.06	6.94
重　庆	47.40	40.90			338.20	143.50	29.87	105.51
四　川	75.62	58.82	19.22	10.11	1 316.74	594.07	97.29	139.79
贵　州	164.51	160.40			394.59	209.94	20.42	28.59
云　南	220.63	159.31	36.05		767.69	254.01	51.30	102.45
西　藏								
陕　西	176.25	170.37	13.78	9.08	380.00	90.63	26.48	26.87
甘　肃	129.39	107.96	0.40		248.54	93.02	27.01	32.72
青　海	61.64	13.06			42.35	10.50	4.92	5.09
宁　夏	21.65	8.22			280.10	91.81	26.01	21.25
新　疆	74.90	74.76	0.60	0.60	371.56	140.64	32.89	53.02

各地区渔民家庭收支调查(六)

单位:万元

地　区	三、全年纯收入	其中:渔业纯收入	四、调查户数(户)	其中:养殖户数(户)	五、调查户家庭常住人数(人)	六、调查户渔业从业人员(人)	七、人均纯收入(元)	八、人均可支配纯收入(元)
全国总计	**80 127.67**	**58 191.81**	**9 998**	**7 706**	**41 367**	**19 269**	**19 091.49**	**18 107.30**
北　京	785.40	558.57	100	90	386	210	20 347.11	18 109.19
天　津	1 442.58	1 380.27	60	55	239	112	60 358.97	59 509.51
河　北	4 317.79	3 981.06	400	234	1 693	593	25 503.76	23 295.10
山　西	576.42	567.29	120	120	751	478	7 675.36	5 956.30
内 蒙 古	1 024.16	482.49	100	90	343	193	29 858.96	28 072.59
辽　宁	10 197.16	7 529.18	1 350	929	4 904	2 247	20 793.55	20 074.76
吉　林	1 398.84	698.29	320	320	1 283	720	10 902.88	10 733.69
黑 龙 江	2 966.90	1 934.97	320	301	1 197	637	24 786.12	24 266.39
上　海	639.30	434.92	90	81	298	174	21 453.09	20 614.97
江　苏	5 940.11	4 121.62	500	427	1 712	857	34 696.91	33 160.96
浙　江	4 773.62	3 905.03	400	160	1 464	616	32 606.67	31 049.76
安　徽	4 200.25	3 063.91	550	518	2 407	1 180	17 450.16	16 380.51
福　建	2 881.95	2 152.02	500	318	2 163	840	13 323.87	12 765.33
江　西	1 907.62	1 331.50	400	361	1 815	777	10 510.30	9 776.21
山　东	7 068.44	5 163.53	1 000	663	3 626	1 812	19 493.78	17 894.55
河　南	3 410.52	1 572.58	600	595	2 761	1 139	12 352.50	11 786.90
湖　北	3 645.20	2 531.44	500	499	2 035	1 018	17 912.54	16 835.86
湖　南	3 311.13	2 155.88	451	323	1 810	960	18 293.54	17 687.83
广　东	4 713.74	3 529.45	700	299	3 678	1 389	12 816.03	12 274.94
广　西	2 895.12	2 237.57	300	184	1 519	690	19 059.39	18 347.20
海　南	547.38	429.56	100	57	498	201	10 991.62	10 852.33
重　庆	639.26	276.08	120	106	495	278	12 914.32	10 782.85
四　川	2 610.20	1 615.39	320	308	1 244	619	20 982.28	19 858.58
贵　州	1 350.52	1 242.05	200	175	888	408	15 208.54	14 886.61
云　南	2 861.42	2 164.48	200	196	913	456	31 340.90	30 218.81
西　藏								
陕　西	776.53	325.52	61	61	281	140	27 634.53	26 678.19
甘　肃	601.33	431.69	76	76	306	132	19 651.18	18 581.90
青　海	525.98	367.30	20	20	116	79	45 342.67	44 904.09
宁　夏	529.56	477.57	80	80	305	164	17 362.47	16 665.88
新　疆	1 589.25	1 530.59	60	60	237	150	67 056.82	64 819.90

第二部分

生　　产

2－1 水产品总产量

全国水产品总产量

单位:吨

指 标	2013 年	2012 年	2013 年比 2012 年增减(±)	
			绝对量	幅度(%)
水产品总产量	**61 720 029**	**59 076 760**	**2 643 269**	**4.47**
海水产品	31 388 253	30 333 437	1 054 816	3.48
淡水产品	30 331 776	28 743 323	1 588 453	5.53
养殖产量	45 416 802	42 883 553	2 533 249	5.91
海水养殖	17 392 453	16 438 105	954 348	5.81
淡水养殖	28 024 349	26 445 448	1 578 901	5.97
捕捞产量	16 303 227	16 193 207	110 020	0.68
海洋捕捞	12 643 822	12 671 891	－28 069	－0.22
远洋渔业	1 351 978	1 223 441	128 537	10.51
淡水捕捞	2 307 427	2 297 875	9 552	0.42
养殖产品中:鱼类	25 940 887	24 369 533	1 571 354	6.45
甲壳类	3 769 655	3 592 588	177 067	4.93
贝类	12 983 793	12 343 169	640 624	5.19
藻类	1 864 993	1 772 689	92 304	5.21
其他类	857 474	805 574	51 900	6.44
捕捞产品中:鱼类	10 378 868	10 394 482	－15 614	－0.15
甲壳类	2 626 083	2 551 297	74 786	2.93
贝类	819 828	844 197	－24 369	－2.89
藻类	28 301	25 764	2 537	9.85
头足类	664 285	698 909	－34 624	－4.95
其他类	433 884	455 117	－21 233	－4.67

各地区水产品产量(一)

单位:吨

地　区	2013 年							
	总产量	1. 养殖产品小计	a. 海水养殖	b. 淡水养殖	2. 捕捞产品小计	a. 海洋捕捞	b. 远洋渔业	c. 淡水捕捞
全国总计	**61 720 029**	**45 416 802**	**17 392 453**	**28 024 349**	**16 303 227**	**12 643 822**	**1 351 978**	**2 307 427**
北　京	63 611	52 912		52 912	10 699		7 008	3 691
天　津	398 562	319 765	12 269	307 496	78 797	53 437	13 027	12 333
河　北	1 230 636	902 497	452 270	450 227	328 139	230 539		97 600
山　西	45 621	44 499		44 499	1 122			1 122
内蒙古	141 321	110 312		110 312	31 009			31 009
辽　宁	5 050 252	3 712 312	2 827 609	884 703	1 337 940	1 079 259	204 434	54 247
吉　林	185 827	164 975		164 975	20 852			20 852
黑龙江	488 615	437 055		437 055	51 560			51 560
上　海	288 787	160 121		160 121	128 666	19 639	105 186	3 841
江　苏	5 093 844	4 191 984	938 742	3 253 242	901 860	553 787	19 549	328 524
浙　江	5 508 186	1 852 218	871 700	980 518	3 655 968	3 192 000	368 186	95 782
安　徽	2 155 341	1 830 292		1 830 292	325 049			325 049
福　建	6 584 802	4 331 888	3 548 960	782 928	2 252 914	1 937 300	230 526	85 088
江　西	2 426 460	2 165 840		2 165 840	260 620			260 620
山　东	8 631 599	6 061 106	4 566 350	1 494 756	2 570 493	2 315 178	113 062	142 253
河　南	850 130	803 313		803 313	46 817			46 817
湖　北	4 103 732	3 890 697		3 890 697	213 035			213 035
湖　南	2 340 595	2 235 989		2 235 989	104 606			104 606
广　东	8 161 268	6 477 422	2 870 020	3 607 402	1 683 846	1 490 821	63 181	129 844
广　西	3 193 444	2 408 205	1 056 461	1 351 744	785 239	650 599	2 789	131 851
海　南	1 831 423	688 622	248 072	440 550	1 142 801	1 121 263		21 538
重　庆	385 000	370 200		370 200	14 800			14 800
四　川	1 260 578	1 200 578		1 200 578	60 000			60 000
贵　州	166 997	152 997		152 997	14 000			14 000
云　南	486 300	448 053		448 053	38 247			38 247
西　藏	400	65		65	335			335
陕　西	125 150	119 750		119 750	5 400			5 400
甘　肃	13 884	13 884		13 884				
青　海	6 000	6 000		6 000				
宁　夏	144 930	144 700		144 700	230			230
新　疆	131 704	118 551		118 551	13 153			13 153
中农发集团	225 030				225 030		225 030	

各地区水产品产量(二)

单位:吨

地 区	2012年							
	总产量	1. 养殖产品小计	a. 海水养殖	b. 淡水养殖	2. 捕捞产品小计	a. 海洋捕捞	b. 远洋渔业	c. 淡水捕捞
全国总计	**59 076 760**	**42 883 553**	**16 438 105**	**26 445 448**	**16 193 207**	**12 671 891**	**1 223 441**	**2 297 875**
北 京	63 842	50 440		50 440	13 402		9 580	3 822
天 津	365 042	326 266	14 285	311 981	38 776	16 516	10 793	11 467
河 北	1 163 172	813 009	382 061	430 948	350 163	252 570		97 593
山 西	41 243	40 121		40 121	1 122			1 122
内 蒙 古	131 575	100 442		100 442	31 133			31 133
辽 宁	4 786 268	3 477 043	2 635 627	841 416	1 309 225	1 079 288	178 376	51 561
吉 林	182 100	161 974		161 974	20 126			20 126
黑 龙 江	452 840	400 894		400 894	51 946			51 946
上 海	297 132	162 104		162 104	135 028	20 387	110 198	4 443
江 苏	4 937 399	4 023 327	904 959	3 118 368	914 072	566 085	13 770	334 217
浙 江	5 395 806	1 845 133	861 364	983 769	3 550 673	3 160 189	290 881	99 603
安 徽	2 074 938	1 751 444		1 751 444	323 494			323 494
福 建	6 286 826	4 061 193	3 326 595	734 598	2 225 633	1 927 150	212 330	86 153
江 西	2 370 007	2 105 141		2 105 141	264 866			264 866
山 东	8 418 937	5 781 326	4 362 443	1 418 883	2 637 611	2 363 321	134 982	139 308
河 南	717 210	675 643		675 643	41 567			41 567
湖 北	3 889 476	3 676 396		3 676 396	213 080			213 080
湖 南	2 214 376	2 109 424		2 109 424	104 952			104 952
广 东	7 895 004	6 198 303	2 757 362	3 440 941	1 696 701	1 510 457	55 616	130 628
广 西	3 038 700	2 238 555	977 307	1 261 248	800 145	666 603	4 012	129 530
海 南	1 727 340	596 638	216 102	380 536	1 130 702	1 109 325		21 377
重 庆	330 720	315 822		315 822	14 898			14 898
四 川	1 189 102	1 128 781		1 128 781	60 321			60 321
贵 州	134 675	120 389		120 389	14 286			14 286
云 南	401 200	372 878		372 878	28 322			28 322
西 藏	400	65		65	335			335
陕 西	105 429	100 675		100 675	4 754			4 754
甘 肃	13 340	13 340		13 340				
青 海	4 520	4 460		4 460	60			60
宁 夏	123 538	123 320		123 320	218			218
新 疆	121 700	109 007		109 007	12 693			12 693
中农发集团	202 903				202 903		202 903	

各地区水产品产量(三)

单位:吨

地　　区	2013 年比 2012 年增减(±) 总产量	1. 养殖产品小计	a. 海水养殖	b. 淡水养殖	2. 捕捞产品小计	a. 海洋捕捞	b. 远洋渔业	c. 淡水捕捞
全国总计	**2 643 269**	**2 533 249**	**954 348**	**1 578 901**	**110 020**	**-28 069**	**128 537**	**9 552**
北　京	-231	2 472		2 472	-2 703		-2 572	-131
天　津	33 520	-6 501	-2 016	-4 485	40 021	36 921	2 234	866
河　北	67 464	89 488	70 209	19 279	-22 024	-22 031		7
山　西	4 378	4 378		4 378				
内蒙古	9 746	9 870		9 870	-124			-124
辽　宁	263 984	235 269	191 982	43 287	28 715	-29	26 058	2 686
吉　林	3 727	3 001		3 001	726			726
黑龙江	35 775	36 161		36 161	-386			-386
上　海	-8 345	-1 983		-1 983	-6 362	-748	-5 012	-602
江　苏	156 445	168 657	33 783	134 874	-12 212	-12 298	5 779	-5 693
浙　江	112 380	7 085	10 336	-3 251	105 295	31 811	77 305	-3 821
安　徽	80 403	78 848		78 848	1 555			1 555
福　建	297 976	270 695	222 365	48 330	27 281	10 150	18 196	-1 065
江　西	56 453	60 699		60 699	-4 246			-4 246
山　东	212 662	279 780	203 907	75 873	-67 118	-48 143	-21 920	2 945
河　南	132 920	127 670		127 670	5 250			5 250
湖　北	214 256	214 301		214 301	-45			-45
湖　南	126 219	126 565		126 565	-346			-346
广　东	266 264	279 119	112 658	166 461	-12 855	-19 636	7 565	-784
广　西	154 744	169 650	79 154	90 496	-14 906	-16 004	-1 223	2 321
海　南	104 083	91 984	31 970	60 014	12 099	11 938		161
重　庆	54 280	54 378		54 378	-98			-98
四　川	71 476	71 797		71 797	-321			-321
贵　州	32 322	32 608		32 608	-286			-286
云　南	85 100	75 175		75 175	9 925			9 925
西　藏								
陕　西	19 721	19 075		19 075	646			646
甘　肃	544	544		544				
青　海	1 480	1 540		1 540	-60			-60
宁　夏	21 392	21 380		21 380	12			12
新　疆	10 004	9 544		9 544	460			460
中农发集团	22 127				22 127		22 127	

2-2 水产养殖

全国水产养殖产量(按水域和养殖方式分)

单位:吨

指标		2013年	2012年	2013年比2012年增减(±)	
				绝对量	幅度(%)
总计		**45 416 802**	**42 883 553**	**2 533 249**	**5.91**
1. 海水养殖		17 392 453	16 438 105	954 348	5.81
按水域分	海上	9 582 064	8 981 398	600 666	6.69
	滩涂	5 857 555	5 639 855	217 700	3.86
	其他	1 952 834	1 816 852	135 982	7.48
养殖方式中	池塘	2 281 213	2 127 020	154 193	7.25
	普通网箱	400 010	393 510	6 500	1.65
	深水网箱	73 885	70 974	2 911	4.10
	筏式	4 773 112	4 537 271	235 841	5.20
	吊笼	1 152 897	966 704	186 193	19.26
	底播	4 949 858	4 409 046	540 812	12.27
	工厂化	177 413	158 916	18 497	11.64
2. 淡水养殖		28 024 349	26 445 448	1 578 901	5.97
按水域分	池塘	19 887 462	18 664 241	1 223 221	6.55
	湖泊	1 634 253	1 614 977	19 276	1.19
	水库	3 536 581	3 337 690	198 891	5.96
	河沟	856 309	843 142	13 167	1.56
	其他	659 285	654 020	5 265	0.81
	稻田养成鱼	1 450 459	1 331 378	119 081	8.94
养殖方式中	围栏	495 296	495 806	-510	-0.10
	网箱	1 388 340	1 273 153	115 187	9.05
	工厂化	208 129	203 917	4 212	2.07

全国海水养殖产量(一)

单位:吨

指　　标	2013 年	2012 年	2013 年比 2012 年增减(±)	
			绝对量	幅度(%)
海水养殖	**17 392 453**	**16 438 105**	**954 348**	**5.81**
1. 鱼类	1 123 576	1 028 399	95 177	9.25
其中:鲈鱼	128 086	125 836	2 250	1.79
鲆鱼	122 600	113 551	9 049	7.97
大黄鱼	105 230	95 118	10 112	10.63
军曹鱼	39 627	38 014	1 613	4.24
鰤鱼	35 966	13 094	22 872	174.68
鲷鱼	57 110	52 328	4 782	9.14
美国红鱼	59 136	65 712	-6 576	-10.01
河鲀	14 394	13 176	1 218	9.24
石斑鱼	82 434	72 785	9 649	13.26
鲽鱼	5 616	10 431	-4 815	-46.16
2. 甲壳类	1 340 218	1 249 554	90 664	7.26
虾	1 081 269	1 005 729	75 540	7.51
其中:南美白对虾	812 545	762 494	50 051	6.56
斑节对虾	72 008	64 554	7 454	11.55
中国对虾	41 931	41 213	718	1.74
日本对虾	45 949	49 409	-3 460	-7.00
蟹	258 949	243 825	15 124	6.20
其中:梭子蟹	109 584	99 580	10 004	10.05
青蟹	138 071	128 983	9 088	7.05

全国海水养殖产量(二)

单位:吨

指 标	2013 年	2012 年	2013 年比 2012 年增减(±)	
			绝对量	幅度(%)
3. 贝类	12 728 037	12 084 393	643 644	5.33
牡蛎	4 218 644	3 948 817	269 827	6.83
鲍	110 380	90 694	19 686	21.71
螺	212 844	214 346	-1 502	-0.70
蚶	336 870	278 058	58 812	21.15
贻贝	747 077	764 395	-17 318	-2.27
江珧	17 323	15 061	2 262	15.02
扇贝	1 608 201	1 419 956	188 245	13.26
蛤	3 853 531	3 735 484	118 047	3.16
蛏	720 804	720 466	338	0.05
4. 藻类	1 856 804	1 764 684	92 120	5.22
海带	1 017 737	979 006	38 731	3.96
裙带菜	170 111	175 121	-5 010	-2.86
紫菜	113 900	112 329	1 571	1.40
江蓠	246 112	196 778	49 334	25.07
麒麟菜	9 256	9 588	-332	-3.46
石花菜		412	-412	-100.00
羊栖菜	15 152	11 226	3 926	34.97
苔菜	439	890	-451	-50.67
5. 其他类	343 818	311 075	32 743	10.53
海参	193 705	170 830	22 875	13.39
海胆(千克)	6 427 160	5 852 710	574 450	9.82
海水珍珠(千克)	8 764	9 663	-899	-9.30
海蜇	66 513	63 790	2 723	4.27

全国淡水养殖产量

单位:吨

指　　标	2013 年	2012 年	2013 年比 2012 年增减(±)	
			绝对量	幅度(%)
淡水养殖产量	**28 024 349**	**26 445 448**	**1 578 901**	**5.97**
1. 鱼类	24 817 311	23 341 134	1 476 177	6.32
2. 甲壳类	2 429 437	2 343 034	86 403	3.69
虾	1 699 575	1 628 654	70 921	4.35
其中:罗氏沼虾	117 402	124 713	-7 311	-5.86
青虾	251 149	237 431	13 718	5.78
克氏原螯虾	603 520	554 821	48 699	8.78
南美白对虾	617 384	690 747	-73 363	-10.62
蟹(河蟹)	729 862	714 380	15 482	2.17
3. 贝类	255 756	258 776	-3 020	-1.17
其中:河蚌	104 675	92 347	12 328	13.35
螺	110 589	111 736	-1 147	-1.03
蚬	23 459	22 931	528	2.30
4. 藻类(螺旋藻)	8 189	8 005	184	2.30
5. 其他类	513 656	494 499	19 157	3.87
其中:龟	38 006	32 826	5 180	15.78
鳖	343 734	331 424	12 310	3.71
蛙	87 331	83 331	4 000	4.80
珍珠(千克)	1 983 203	2 548 441	-565 238	-22.18
6. 观赏鱼(万尾)	368 758	21 077	158 681	75.53

全国淡水养殖主要鱼类产量

单位:吨

指 标	2013 年	2012 年	2012 年比 2013 年增减(±)	
			绝对量	幅度(%)
青鱼	525 498	494 908	30 590	6.18
草鱼	5 069 948	4 781 698	288 250	6.03
鲢鱼	3 850 873	3 687 751	163 122	4.42
鳙鱼	3 015 380	2 851 419	163 961	5.75
鲤鱼	3 022 494	2 896 957	125 537	4.33
鲫鱼	2 594 438	2 450 450	143 988	5.88
鳊鱼	730 962	705 821	25 141	3.56
泥鳅	321 499	293 911	27 588	9.39
鲶鱼	433 948	408 750	25 198	6.16
鮰鱼	247 399	224 132	23 267	10.38
黄颡鱼	295 669	256 650	39 019	15.20
鲑鱼	3 322	2 560	762	29.77
鳟鱼	28 991	25 901	3 090	11.93
河鲀	4 860	3 804	1 056	27.76
短盖巨脂鲤	101 151	97 915	3 236	3.30
长吻鮠	16 141	26 264	-10 123	-38.54
黄鳝	346 077	320 966	25 111	7.82
鳜鱼	284 780	281 502	3 278	1.16
池沼公鱼	17 972	14 929	3 043	20.38
银鱼	21 209	20 804	405	1.95
鲈鱼	339 836	243 196	96 640	39.74
乌鳢	509 865	480 594	29 271	6.09
罗非鱼	1 657 717	1 552 733	104 984	6.76
鲟鱼	64 652	55 184	9 468	17.16
鳗鲡	206 026	212 464	-6 438	-3.03

各地区海水养殖产量(按品种分)(一)

单位:吨

地区	海水养殖产量	1. 鱼类	其中					
			鲈鱼	鲆鱼	大黄鱼	军曹鱼	鰤鱼	鲷鱼
全国总计	**17 392 453**	**1 123 576**	**128 086**	**122 600**	**105 230**	**39 627**	**35 966**	**57 110**
天　津	12 269	3 521	60	2 431				
河　北	452 270	11 080	395	3 080				
辽　宁	2 827 609	59 002	1 220	35 821			131	
上　海								
江　苏	938 742	82 397	1 466	4 492				60
浙　江	871 700	29 490	7 988	333	3 275	195	115	2 602
福　建	3 548 960	244 729	24 394	2 787	92 289	116	4 882	23 917
山　东	4 566 350	159 965	21 348	72 193	72			993
广　东	2 870 020	433 333	60 288	1 463	9 594	25 454	29 935	21 593
广　西	1 056 461	42 361	7 397			55		5 220
海　南	248 072	57 698	3 530			13 807	903	2 725

各地区海水养殖产量(按品种分)(二)

单位:吨

地区	1. 鱼类(续)				2. 甲壳类	(1)虾	其中	
	其中(续)							
	美国红鱼	河鲀	石斑鱼	鲽鱼			南美白对虾	斑节对虾
全国总计	**59 136**	**14 394**	**82 434**	**5 616**	**1 340 218**	**1 081 269**	**812 545**	**72 008**
天　津	38	102	300	13	8 748	8 748	8 743	
河　北		1 903		717	21 246	18 882	10 813	
辽　宁		3 511		20	29 902	28 040	12 676	
上　海								
江　苏		176	24	2 140	108 613	73 698	20 202	2 872
浙　江	7 906	126	192	118	96 069	48 894	32 289	718
福　建	14 117	2 357	24 583	493	142 387	84 184	61 123	5 889
山　东	8 223	3 564	200	1 971	120 951	94 828	63 591	2 520
广　东	21 593	2 600	36 514	144	437 719	382 486	294 461	46 497
广　西	4 772		1 837		234 615	219 078	192 227	10 698
海　南	2 487	55	18 784		139 968	122 431	116 420	2 814

各地区海水养殖产量(按品种分)(三)

单位:吨

地 区	2. 甲壳类(续)					3. 贝类
	(1)虾(续)		(2)蟹	其 中		
	其中(续)					
	中国对虾	日本对虾		梭子蟹	青蟹	
全国总计	**41 931**	**45 949**	**258 949**	**109 584**	**138 071**	**12 728 037**
天 津	5					
河 北	4 254	3 815	2 364	2 364		409 779
辽 宁	10 594	2 794	1 862	1 448		2 282 876
上 海						
江 苏	6 499	1 567	34 915	31 200	1 990	708 797
浙 江	1 209	1 035	47 175	19 499	27 279	697 533
福 建	3 882	10 827	58 203	25 670	29 705	2 361 680
山 东	7 644	19 674	26 123	24 312	1 513	3 547 123
广 东	7 844	6 063	55 233	5 003	44 713	1 916 388
广 西		174	15 537	15 537	776 574	
海 南			17 537	88	17 334	27 287

各地区海水养殖产量(按品种分)(四)

单位:吨

地 区	3. 贝类(续)								
	其中(续)								
	牡蛎	鲍	螺	蚶	贻贝	江珧	扇贝	蛤	蛏
全国总计	**4 218 644**	**110 380**	**212 844**	**336 870**	**747 077**	**17 323**	**1 608 201**	**3 853 531**	**720 804**
天 津									
河 北			27	35 159	558		338 877	35 158	
辽 宁	201 364	2 026		33 610	35 083		403 138	1 170 847	28 752
上 海									
江 苏	38 811	50	59 720	28 411	56 340		10	370 274	87 629
浙 江	154 566	142	12 074	132 388	82 445		310	57 428	223 450
福 建	1 521 408	88 470	4 398	46 772	78 249		6 981	323 622	213 934
山 东	758 177	11 957	17 334	5 526	390 265		761 035	1 345 021	144 982
广 东	1 069 148	7 023	80 232	51 152	94 036	17 323	95 588	302 507	20 863
广 西	473 432		36 705	3 051	10 101		2 207	236 620	1 194
海 南	1 738	712	2 354	801			55	12 054	

各地区海水养殖产量(按品种分)(五)

单位:吨

地　区	4. 藻类	其中					
		海带	裙带菜	紫菜	江蓠	麒麟菜	石花菜
全国总计	**1 856 804**	**1 017 737**	**170 111**	**113 900**	**246 112**	**9 256**	
天　津							
河　北							
辽　宁	319 705	180 150	131 000				
上　海							
江　苏	29 641	548	5	27 718	1 297		
浙　江	45 212	10 286		19 329	725		
福　建	774 702	576 573		56 157	122 614		
山　东	588 944	246 037	38 679	550	51 221		
广　东	75 846	4 143	427	10 146	57 425	2 000	
广　西							
海　南	22 754				12 830	7 256	

各地区海水养殖产量(按品种分)(六)

单位:吨

地　区	4. 藻类(续)		5. 其他类	其中			
	其中(续)						
	羊栖菜	苔菜		海参	海胆(千克)	海水珍珠(千克)	海蜇
全国总计	**15 152**	**439**	**343 818**	**193 705**	**6 427 160**	**8 764**	**66 513**
天　津							
河　北			10 165	7 976			2 189
辽　宁			136 124	70 687	142 228		52 170
上　海							
江　苏			9 294	463			5 109
浙　江	10 627	439	3 396	262			400
福　建	4 500		25 462	17 555	5 000		3 485
山　东			149 367	96 523	4 120 000		2 765
广　东	25		6 734	225	2 159 932	6 052	256
广　西			2 911	14		607	139
海　南			365			2 105	

各地区海水养殖产量(按水域和养殖方式分)(一)

单位:吨

地　区	海水养殖产量	按养殖水域分			养殖方式中
		1. 海上	2. 滩涂	3. 其他	1. 池塘
全国总计	**17 392 453**	**9 582 064**	**5 857 555**	**1 952 834**	**2 281 213**
天　津	12 269			12 269	8 977
河　北	452 270	375 537	47 673	29 060	36 835
辽　宁	2 827 609	1 833 255	798 246	196 108	176 930
上　海					
江　苏	938 742	209 534	513 044	216 164	300 819
浙　江	871 700	282 296	346 628	242 776	254 293
福　建	3 548 960	2 263 328	1 029 649	255 983	273 321
山　东	4 566 350	3 026 835	1 352 324	187 191	311 275
广　东	2 870 020	1 201 249	1 166 032	502 739	558 642
广　西	1 056 461	336 080	474 872	245 509	206 400
海　南	248 072	53 950	129 087	65 035	153 721

各地区海水养殖产量(按水域和养殖方式分)(二)

单位:吨

地　区	养殖方式中(续)					
	2. 普通网箱	3. 深水网箱	4. 筏式	5. 吊笼	6. 底播	7. 工厂化
全国总计	**400 010**	**73 885**	**4 773 112**	**1 152 897**	**4 949 858**	**177 413**
天　津						3 292
河　北			365 345		41 163	6 927
辽　宁	1 893	2 500	774 893	40 531	1 221 363	36 917
上　海						
江　苏	15	105	99 806	1 762	449 695	11 267
浙　江	21 170	1 126	227 815	3 531	222 207	3 181
福　建	190 603	8 215	1 262 376	109 178	364 844	14 936
山　东	32 710	25 556	1 444 225	872 023	1 786 338	94 223
广　东	104 768	16 617	322 214	123 589	639 467	3 783
广　西	30 749	3 068	276 438	2 233	213 024	
海　南	18 102	16 698		50	11 757	2 887

各地区淡水养殖产量(按品种分)(一)

单位:吨

地区	淡水养殖产量	1. 鱼类	其中				
			青鱼	草鱼	鲢鱼	鳙鱼	鲤鱼
全国总计	**28 024 349**	**24 817 311**	**525 498**	**5 069 948**	**3 850 873**	**3 015 380**	**3 022 494**
北　京	52 912	52 700	979	15 647	4 619	2 840	14 489
天　津	307 496	256 009		30 906	37 503	9 530	108 456
河　北	450 227	411 783	76	73 165	78 053	37 505	153 362
山　西	44 499	43 963	70	12 856	7 863	3 723	12 717
内蒙古	110 312	108 018		13 677	17 599	13 001	43 906
辽　宁	884 703	788 890	6 194	97 090	116 280	65 010	295 193
吉　林	164 975	163 920	1 110	15 082	43 649	30 558	43 112
黑龙江	437 055	432 997		32 017	89 769	38 473	175 300
上　海	160 121	103 435	3 226	25 403	15 309	10 232	1 799
江　苏	3 253 242	2 453 689	73 710	420 896	483 090	233 791	148 264
浙　江	980 518	646 963	40 794	86 904	132 382	91 946	31 779
安　徽	1 830 292	1 501 086	73 576	250 926	284 617	273 721	111 722
福　建	782 928	666 535	12 914	161 205	70 621	61 202	52 589
江　西	2 165 840	1 962 445	49 391	448 687	265 096	330 443	144 773
山　东	1 494 756	1 392 488	15 731	250 049	24 383	142 505	349 025
河　南	803 313	783 485	7 374	124 911	189 748	121 313	239 892
湖　北	3 890 697	3 316 842	103 283	879 787	646 770	410 677	174 826
湖　南	2 235 989	2 169 025	72 981	605 467	411 259	343 165	166 692
广　东	3 607 402	3 268 974	38 957	711 817	214 401	357 067	114 641
广　西	1 351 744	1 315 299	13 006	296 175	231 921	166 213	150 700
海　南	440 550	428 952	1 225	9 958	8 542	7 798	6 553
重　庆	370 200	367 640	1 472	83 024	91 457	34 177	33 603
四　川	1 200 578	1 187 309	1 761	210 205	262 506	140 696	149 390
贵　州	152 997	152 122	714	30 981	15 859	23 230	46 650
云　南	448 053	445 989	6 687	75 541	45 248	35 834	110 832
西　藏	65	65		9			15
陕　西	119 750	116 635	254	27 972	24 693	12 558	36 075
甘　肃	13 884	13 832	13	3 600	1 553	495	4 505
青　海	6 000	5 875		159	184		226
宁　夏	144 700	142 676		41 992	17 290	7 610	62 251
新　疆	118 551	117 670		33 840	18 609	10 067	39 157

各地区淡水养殖产量(按品种分)(二)

单位:吨

地 区	1. 鱼类(续)						
	其中(续)						
	鲫鱼	鳊鲂	泥鳅	鲶鱼	鮰鱼	黄颡鱼	鲑鱼
全国总计	**2 594 438**	**730 962**	**321 499**	**433 948**	**247 399**	**295 669**	**3 322**
北 京	3 159	1 661	170	1 219	200	16	
天 津	62 534	2 297	70	1 766			
河 北	37 554	597	2 580	767	32	61	3
山 西	2 025	173	123	378	31	1	2
内 蒙 古	14 385	635	590	1 896	12	155	
辽 宁	97 517	8 804	16 561	44 511	389	6 701	781
吉 林	17 855	1 563	1 460	2 563		1 174	105
黑 龙 江	67 332	1 134	2 310	4 278	67	2 333	
上 海	38 224	3 126	228	30	151	310	
江 苏	602 071	187 969	80 483	12 723	1 155	25 404	47
浙 江	80 667	28 167	5 265	2 081	1 551	32 837	70
安 徽	175 991	93 707	34 499	15 593	17 502	24 351	
福 建	29 011	4 328	1 570	12 050	1 801	3 734	12
江 西	193 946	59 172	70 347	53 889	29 527	41 104	353
山 东	143 299	14 988	11 075	27 781	542	2 858	3
河 南	47 265	13 170	8 455	12 991	5 747	2 109	
湖 北	423 771	170 669	37 195	36 610	47 640	80 161	
湖 南	108 124	71 424	12 698	31 958	37 674	19 483	1
广 东	129 000	20 979	2 132	34 821	17 636	23 952	239
广 西	37 621	1 921	2 950	34 115	11 208	2 700	1
海 南	1 825	1 188	801	2 073			
重 庆	80 916	4 932	7 222	6 231	6 246	2 974	82
四 川	142 024	32 946	21 127	79 300	56 854	21 223	466
贵 州	4 780	2 279	594	4 479	9 170	897	672
云 南	26 797	768	431	6 975	1 111	364	312
西 藏	10						20
陕 西	5 500	436	343	978	547	627	10
甘 肃	905	70		26	2		128
青 海	285						
宁 夏	10 486	809	220	1 241	335		
新 疆	9 559	1 050		625	269	140	15

各地区淡水养殖产量(按品种分)(三)

单位:吨

地区	1. 鱼类(续)						
	其中(续)						
	鳟鱼	河鲀	短盖巨脂鲤	长吻鮠	黄鳝	鳜鱼	池沼公鱼
全国总计	**28 991**	**4 860**	**101 151**	**16 141**	**346 077**	**284 780**	**17 972**
北京	2 089		10			21	
天津							
河北	2 074		31				5 425
山西	1 314						7
内蒙古	114						580
辽宁	5 835					1 137	3 248
吉林	242					279	3 957
黑龙江	411					526	76
上海					5	91	
江苏	1	3 069	8 397	17	7 200	28 338	30
浙江	136		793	61	1 124	12 518	16
安徽	2	12	4 168	200	43 643	37 365	
福建	213	575	4 239	127	698	1 558	5
江西	41		22 886	548	79 472	45 526	
山东	3 709		1 748		2 083	3 113	20
河南	164		502	7	2 425	589	25
湖北		10	52	882	161 837	34 105	
湖南	526		127	1 068	29 999	19 513	2 790
广东	638	1 194	27 121	1 151	2 267	94 106	
广西	201		29 154	868	1 699	209	
海南			1 120		365		
重庆	413		203	820	746	453	
四川	1 379		10	9 211	11 409	4 633	
贵州	86		4	1 156	465	54	
云南	3 800		586	25	321	36	259
西藏	11						
陕西	740				319	578	
甘肃	524						
青海	3 641						1 380
宁夏							
新疆	687					32	154

各地区淡水养殖产量(按品种分)(四)

单位:吨

地 区	1. 鱼类(续)						2. 甲壳类
	其中(续)						
	银鱼	鲈鱼	乌鳢	罗非鱼	鲟鱼	鳗鲡	
全国总计	**21 209**	**339 836**	**509 865**	**1 657 717**	**64 652**	**206 026**	**2 429 437**
北 京		190	38	1 493	3 457		99
天 津		760		598			50 828
河 北	739	31	49	14 301	4 384		33 212
山 西	36	37	238	1 034	1 081		85
内 蒙 古	168		1 211	89			449
辽 宁	1 499	138	3 131	2 523	1 378		82 907
吉 林	383	46	763	2	16		1 053
黑 龙 江	1 279	10	163	26			4 009
上 海		254		31	57	13	56 096
江 苏	41	34 862	36 241	4 189	1 146	5 286	722 650
浙 江	27	18 162	45 488	1 994	4 310	1 499	138 328
安 徽	2 344	816	31 054	5 265	302	3 780	241 344
福 建	45	10 182	2 141	126 844	3 332	81 046	64 412
江 西	1 569	20 189	56 443	6 844	2 273	15 573	101 915
山 东	3 862	713	138 139	8 608	9 686		90 723
河 南	2 231	376	1 901	1 110	893		13 618
湖 北	2 270	3 343	34 589	3 960	8 610	170	509 567
湖 南	1 810	1 544	30 584	1 706	4 570		18 351
广 东	269	231 837	112 279	700 219	1 316	98 428	283 780
广 西	611	709	2 580	286 046	961		5 985
海 南			130	354 582	22	230	1 684
重 庆	10	935	4 168	3 508	1 032		1 138
四 川	1 455	10 954	8 190	3 824	6 225		3 312
贵 州	137	2 479	23	4 364	3 049		260
云 南	289	512	149	123 356	4 586	1	531
西 藏							
陕 西	135	100	92	505	1 034		66
甘 肃			1	26	624		50
青 海							125
宁 夏			13		174		2 024
新 疆		657	67	670	134		836

各地区淡水养殖产量(按品种分)(五)

单位:吨

地区	2. 甲壳类(续)						3. 贝类	其中
	(1)虾	其中				(2)蟹(河蟹)		
		罗氏沼虾	青虾	克氏原螯虾	南美白对虾			河蚌
全国总计	**1 699 575**	**117 402**	**251 149**	**603 520**	**617 384**	**729 862**	**255 756**	**104 675**
北京	87					12		
天津	49 525		166		49 359	1 303		
河北	27 923		825		26 623	5 289	30	25
山西	60				60	25		
内蒙古	133		103			316		
辽宁	7 591				7 419	75 316	23	23
吉林	386		6			667	2	2
黑龙江	260				40	3 749		
上海	42 766	3 895	544	43	38 284	13 330	10	7
江苏	396 808	69 019	117 147	83 340	126 656	325 842	43 404	10 328
浙江	130 878	11 115	18 967	4 620	95 218	7 450	11 719	3 792
安徽	138 739	2 509	47 823	86 885	1 399	102 605	51 786	29 947
福建	63 074	1 133	1 709	132	59 469	1 338	33 182	4 307
江西	85 279	595	25 399	58 835	450	16 636	45 037	13 150
山东	64 224	692	2 958	8 127	47 790	26 499	2 774	1 266
河南	11 657	767	2 579	7 889	353	1 961	167	108
湖北	378 149	1 500	26 475	347 515	2 659	131 418	25 775	20 109
湖南	11 486	546	3 635	2 738	3 576	6 865	19 030	10 133
广东	279 160	23 390	1 723	16	155 052	4 620	14 303	10 217
广西	5 236	1 719	749	277	2 175	749	3 938	453
海南	1 414				350	270	158	
重庆	1 064	146		553	150	74	67	2
四川	2 933	150	148	2 474	89	379	3 485	573
贵州	110	71	32	7		150	293	154
云南	385	155	154	69	6	146	526	79
西藏								
陕西	26		2			40	2	
甘肃	10					40		
青海						125		
宁夏	3				3	2 021		
新疆	209		5		204	627	45	

各地区淡水养殖产量(按品种分)(六)

单位:吨

地 区	3. 贝类(续) 其中(续) 螺	蚬	4. 藻类(螺旋藻)	5. 其他类	其中 龟	鳖	蛙	珍珠(千克)	6. 观赏鱼(万尾)
全国总计	**110 589**	**23 459**	**8 189**	**513 656**	**38 006**	**343 734**	**87 331**	**1 983 203**	**368 758**
北 京				113	29	31			33 321
天 津				659		659			36 230
河 北	5			5 202	2	5 136			2 980
山 西				451	451				625
内 蒙 古			1 845						13
辽 宁				12 883	5		12 642		148 935
吉 林									7 000
黑 龙 江				49					
上 海				580	70	432	78		11 443
江 苏	28 157	4 642	893	32 606	1 551	26 936	1 305	267 004	17 469
浙 江	7 357	355	97	183 411	12 874	154 512	10 760	1 106	8 920
安 徽	20 177	1 662		36 076	5 198	24 198	4 238	404 775	7 127
福 建	3 611	10 450	695	18 104	1 141	7 149	8 087	11 000	5 730
江 西	26 935	4 017	3 233	53 210	3 839	24 360	23 439	954 000	6
山 东	1 149	322		8 771	591	5 560	11		18 502
河 南	47	9	186	5 857	31	5 783	43		23 877
湖 北	5 358	308		38 513	2 793	33 964	1 600	156 000	
湖 南	7 555	1 159		29 583	2 275	17 068	8 279	189 070	321
广 东	3 622	318	20	40 325	4 454	12 951	4 086		25 085
广 西	3 115	216	77	26 445	2 510	21 081	707	3	14
海 南	140		642	9 114	120	1 235	7 395		31
重 庆	65			1 355	3	348	631		8 111
四 川	2 664			6 472	69	1 461	3 958		6 139
贵 州	138	1		322		265	55	245	21
云 南	447		501	506		52	17		6 396
西 藏									
陕 西	2			3 047		551			12
甘 肃				2		2			
青 海									
宁 夏									450
新 疆	45								

各地区淡水养殖产量(按水域和养殖方式分)(一)

单位:吨

地区	淡水养殖产量	按水域分			
		1. 池塘	2. 湖泊	3. 水库	4. 河沟
全国总计	**28 024 349**	**19 887 462**	**1 634 253**	**3 536 581**	**856 309**
北京	52 912	47 837			
天津	307 496	289 900		5 382	2 369
河北	450 227	298 991	14 675	124 850	4 616
山西	44 499	29 921	744	13 543	98
内蒙古	110 312	63 568	20 714	23 323	2 282
辽宁	884 703	661 969	30	121 847	3 854
吉林	164 975	69 444	30 134	60 338	
黑龙江	437 055	315 893	45 579	49 242	18 084
上海	160 121	152 798	310		6 436
江苏	3 253 242	2 387 140	213 548	79 553	246 451
浙江	980 518	427 990	5 631	87 296	80 018
安徽	1 830 292	1 076 660	355 836	161 715	108 748
福建	782 928	528 810	4 904	167 626	39 161
江西	2 165 840	1 188 898	301 581	517 521	62 350
山东	1 494 756	1 066 871	94 311	255 513	23 239
河南	803 313	599 395	7 810	98 796	16 382
湖北	3 890 697	3 165 790	329 610	195 561	17 819
湖南	2 235 989	1 694 213	136 087	224 417	24 924
广东	3 607 402	3 292 794	8 274	235 049	15 735
广西	1 351 744	757 949		448 484	93 315
海南	440 550	316 831	6 884	106 618	60
重庆	370 200	322 061		32 576	5 297
四川	1 200 578	603 480	935	225 093	75 001
贵州	152 997	15 867	713	94 058	2 484
云南	448 053	242 102	5 635	153 129	3 301
西藏	65	65			
陕西	119 750	70 564	2 601	29 755	2 005
甘肃	13 884	9 976	76	2 941	
青海	6 000	433	466	5 101	
宁夏	144 700	94 200	46 660	1 420	470
新疆	118 551	95 052	505	15 834	1 810

各地区淡水养殖产量(按水域和养殖方式分)(二)

单位:吨

地 区	按水域分(续)		养殖方式中		
	5. 其他	6. 稻田	围栏	网箱	工厂化
全国总计	**659 285**	**1 450 459**	**495 296**	**1 388 340**	**208 129**
北 京	5 075				2 427
天 津	9 755	90			1 350
河 北	5 909	1 186	2 580	88 936	3 367
山 西	53	140	100	1 709	
内蒙古		425	786	959	218
辽 宁	24 060	72 943	3 258	48 306	1 116
吉 林	4 367	692	1 413	3 105	76
黑龙江	3 925	4 332	933	2 146	
上 海	577				48
江 苏	104 302	222 248	48 120	84 165	14 377
浙 江	77 168	302 415	13 872	20 367	82 033
安 徽	47 215	80 118	206 852	99 248	7 139
福 建	27 141	15 286	1 434	21 917	37 009
江 西	32 810	62 680	53 797	91 036	10 419
山 东	245	54 577	31 194	132 476	32 445
河 南	80 482	448	3 371	77 773	2 709
湖 北	13 156	168 761	75 547	166 471	2 697
湖 南	72 588	83 760	32 170	119 724	509
广 东	52 911	2 639	949	4 604	657
广 西	37 341	14 655	11 994	179 224	
海 南	10 157		2 985	2 740	700
重 庆	1 743	8 523	1 043	2 574	343
四 川	9 680	286 389		55 587	73
贵 州	10 534	29 341	843	87 228	1 509
云 南	7 176	36 710	598	72 306	6 357
西 藏					
陕 西	14 675	150	1 457	21 792	267
甘 肃	890	1		111	
青 海				3 641	
宁 夏		1 950			
新 疆	5 350			195	284

2-3 国内捕捞

全国海洋捕捞产量

单位:吨

指 标	2013 年	2012 年	2013 年比 2012 年增减(±)	
			绝对量	幅度(%)
海洋捕捞产量	**12 643 822**	**12 671 891**	**-28 069**	**-0.22**
1. 鱼类	8 717 638	8 758 466	-40 828	-0.47
2. 甲壳类	2 285 476	2 207 391	78 085	3.54
虾	1 551 263	1 560 129	-8 866	-0.57
其中:毛虾	566 503	568 540	-2 037	-0.36
对虾	130 333	131 369	-1 036	-0.79
鹰爪虾	324 450	305 951	18 499	6.05
虾蛄	294 151	292 862	1 289	0.44
蟹	734 213	647 262	86 951	13.43
其中:梭子蟹	470 637	400 348	70 289	17.56
青蟹	77 429	71 146	6 283	8.83
蟳	57 483	62 010	-4 527	-7.30
3. 贝类	547 556	563 422	-15 866	-2.82
4. 藻类	28 036	25 728	2 308	8.97
5. 头足类	664 285	698 909	-34 624	-4.95
其中:乌贼	128 046	127 126	920	0.72
鱿鱼	361 058	385 845	-24 787	-6.42
章鱼	116 828	124 117	-7 289	-5.87
6. 其他类	400 831	417 975	-17 144	-4.10
其中:海蜇	211 315	206 885	4 430	2.14

全国海洋捕捞主要鱼类产量

单位:吨

指 标	2013 年	2012 年	2013 年比 2012 年增减(±)	
			绝对量	幅度(%)
海鳗	370 885	363 028	7 857	2.16
鳓鱼	84 033	83 262	771	0.93
鳀鱼	866 808	824 153	42 655	5.18
沙丁鱼	141 558	131 963	9 595	7.27
鲱鱼	17 838	17 617	221	1.25
石斑鱼	101 998	97 074	4 924	5.07
鲷	169 253	166 397	2 856	1.72
蓝圆鲹	570 602	580 982	-10 380	-1.79
白姑鱼	120 408	120 502	-94	-0.08
黄姑鱼	84 132	86 092	-1 960	-2.28
鮸鱼	71 443	42 157	29 286	69.47
大黄鱼	91 070	71 075	19 995	28.13
小黄鱼	364 112	400 615	-36 503	-9.11
梅童鱼	278 564	290 979	-12 415	-4.27
方头鱼	42 631	43 624	-993	-2.28
玉筋鱼	120 219	135 042	-14 823	-10.98
带鱼	1 096 812	1 096 694	118	0.01
金线鱼	331 655	332 192	-537	-0.16
梭鱼	142 318	139 423	2 895	2.08
鲐鱼	511 500	509 546	1 954	0.38
鲅鱼	472 022	459 274	12 748	2.78
金枪鱼	43 044	41 608	1 436	3.45
鲳鱼	326 141	341 304	-15 163	-4.44
马面鲀	190 356	194 614	-4 258	-2.19
竹荚鱼	31 321	29 417	1 904	6.47
鲻鱼	113 553	112 271	1 282	1.14

全国海洋捕捞产量(按海区、渔具分)

单位:吨

指标		2013 年	2012 年	2013 年比 2012 年增减(±)	
				绝对量	幅度(%)
合计		**12 643 822**	**12 671 891**	**-28 069**	**-0.22**
按捕捞海域分	渤海	975 257	1 043 391	-68 134	-6.53
	黄海	3 185 005	2 927 666	257 339	8.79
	东海	5 022 719	5 178 074	-155 355	-3.00
	南海	3 460 841	3 522 760	-61 919	-1.76
按捕捞渔具分	拖网	6 064 359	6 045 343	19 016	0.31
	围网	1 027 111	969 593	57 518	5.93
	刺网	2 716 695	2 728 031	-11 336	-0.42
	张网	1 621 802	1 636 913	-15 111	-0.92
	钓具	349 750	357 949	-8 199	-2.29
	其他渔具	864 105	934 062	-69 957	-7.49

全国淡水捕捞产量

单位:吨

指标	2013 年	2012 年	2013 年比 2012 年增减(±)	
			绝对量	幅度(%)
淡水捕捞产量	**2 307 427**	**2 297 875**	**9 552**	**0.42**
1. 鱼类	1 661 230	1 636 016	25 214	1.54
2. 甲壳类	340 607	343 906	-3 299	-0.96
虾	285 029	282 625	2 404	0.85
蟹	55 578	61 281	-5 703	-9.31
3. 贝类	272 272	280 775	-8 503	-3.03
4. 藻类	265	36	229	636.11
5. 其他类	33 053	37 142	-4 089	-11.01
其中:丰年虫	1 252	945	307	32.49

各地区海洋捕捞产量(按品种分)(一)

单位:吨

地 区	海洋捕捞产量	1. 鱼类	其中				
			海鳗	鳓鱼	鳀鱼	沙丁鱼	鲱鱼
全国总计	**12 643 822**	**8 717 638**	**370 885**	**84 033**	**866 808**	**141 558**	**17 838**
天 津	53 437	49 000		38 063			
河 北	230 539	123 554		38 332			
辽 宁	1 079 259	658 599	1 135	596	87 599	10 557	25
上 海	19 639	7 809	240	70			
江 苏	553 787	305 606	8 046	2 430	2 279	320	
浙 江	3 192 000	2 108 083	85 087	11 724	60 866	21 523	1 544
福 建	1 937 300	1 440 663	67 795	12 776	79 652	12 810	3 686
山 东	2 315 178	1 597 662	23 855		515 732	10 008	
广 东	1 490 821	1 096 882	81 821	25 394	30 501	62 323	4 215
广 西	650 599	370 419	13 759	22 809		12 872	923
海 南	1 121 263	959 361	89 147	8 234	13 784	11 145	7 445

各地区海洋捕捞产量(按品种分)(二)

单位:吨

地 区	1. 鱼类(续)							
	其中(续)							
	石斑鱼	鲷	蓝圆鲹	白姑鱼	黄姑鱼	鮸鱼	大黄鱼	小黄鱼
全国总计	**101 998**	**169 253**	**570 602**	**120 408**	**84 132**	**71 443**	**91 070**	**364 112**
天 津								2 964
河 北	35	2		300	280	20	1 467	11 151
辽 宁	2 012	88		1 364	3 164	337	47 221	104 443
上 海				42	80	11	148	
江 苏		128	50	4 347	7 420	2 205	476	30 709
浙 江	1 307	4 875	100 862	54 743	33 771	53 384	402	88 248
福 建	17 580	62 959	241 235	9 377	7 776	8 569	4 266	9 607
山 东		35		15 629	8 051	800	2 247	76 400
广 东	35 687	41 481	111 542	23 108	5 398	4 802	23 566	23 434
广 西	5 935	26 760	73 056	1 482	83	816		
海 南	39 442	32 925	43 857	10 058	18 147	430	11 414	17 008

各地区海洋捕捞产量(按品种分)(三)

单位:吨

地　　区	1. 鱼类(续)							
	其中(续)							
	梅童鱼	方头鱼	玉筋鱼	带鱼	金线鱼	梭鱼	鲐鱼	鲅鱼
全国总计	**278 564**	**42 631**	**120 219**	**1 096 812**	**331 655**	**142 318**	**511 500**	**472 022**
天　　津				203		195	3 970	1 697
河　　北	391		150	5 745		12 534	72	15 912
辽　　宁	7 770	200	7 896	17 113	121	22 542	54 403	83 369
上　　海	245			330			2	90
江　　苏	75 245	216	1 158	56 673		8 357	8 835	8 735
浙　　江	169 131	15 673	28 113	440 483	3 958	7 428	183 371	71 630
福　　建	21 733	4 950	20 225	166 897	10 482	14 505	123 429	50 039
山　　东			60 209	90 415		33 618	82 960	173 653
广　　东	2 579	8 141	1 421	141 228	83 193	22 459	29 980	27 712
广　　西		40		30 971	35 344	10 433	13 621	2 200
海　　南	1 470	13 411	1 047	146 754	198 557	10 247	10 857	36 985

各地区海洋捕捞产量(按品种分)(四)

单位:吨

地　　区	1. 鱼类(续)					2. 甲壳类	(1)虾	
	其中(续)							其中
	金枪鱼	鲳鱼	马面鲀	竹荚鱼	鲻鱼			毛虾
全国总计	**43 044**	**326 141**	**190 356**	**31 321**	**113 553**	**2 285 476**	**1 551 263**	**566 503**
天　　津						1 756	1 275	197
河　　北		2 103	30		6 440	56 292	40 384	11 283
辽　　宁		5 247	1 197	43	9 398	203 563	139 105	38 550
上　　海	2	158		30		11 642	2 409	
江　　苏		34 507	1 901	34	12 248	150 729	47 829	21 735
浙　　江	4 676	85 321	24 672	1 047	19 750	884 279	672 742	267 615
福　　建	3 497	58 173	64 082	10 446	15 505	315 004	181 714	58 681
山　　东		26 083	3 310		400	266 684	230 594	92 696
广　　东	18 119	61 576	47 372	5 020	27 538	225 474	146 548	41 705
广　　西		11 988	29 905	426	8 585	125 549	70 609	28 430
海　　南	16 750	40 985	17 887	14 275	13 689	44 504	18 054	5 611

各地区海洋捕捞产量(按品种分)(五)

单位:吨

地 区	2. 甲壳类(续)						
	(1)虾(续)			(2)蟹			
	其中(续)				其 中		
	对虾	鹰爪虾	虾蛄		梭子蟹	青蟹	蟳
全国总计	**130 333**	**324 450**	**294 151**	**734 213**	**470 637**	**77 429**	**57 483**
天 津	88		864	481	316	165	
河 北	1 645	2 613	21 997	15 908	10 256	19	1 369
辽 宁	4 001	7 421	67 217	64 458	29 622	6 235	24 390
上 海	84	1 470		9 233	4 986		
江 苏	3 001	10 004	9 058	102 900	91 796	1 900	3 855
浙 江	16 110	201 484	72 869	211 537	137 333	3 879	15 364
福 建	22 160	43 970	35 334	133 290	86 673	12 843	4 835
山 东	4 459	31 707	56 341	36 090	24 458	768	2 799
广 东	56 641	13 148	21 607	78 926	44 752	26 968	2 302
广 西	18 536	8 146	7 190	54 940	30 616	10 501	1 998
海 南	3 608	4 487	1 674	26 450	9 829	14 151	571

各地区海洋捕捞产量(按品种分)(六)

单位:吨

地 区	3. 贝类	4. 藻类	5. 头足类	其 中			6. 其他类	其 中
				乌贼	鱿鱼	章鱼		海蜇
全国总计	**547 556**	**28 036**	**664 285**	**128 046**	**361 058**	**116 828**	**400 831**	**211 315**
天 津	2 090		530	46	292	192	61	
河 北	20 391		9 545	1 608	323	5 813	20 757	15 678
辽 宁	90 578	15	63 005	4 485	37 920	9 477	63 499	27 246
上 海	17		122	19	32	61	49	42
江 苏	52 493	1 277	15 207	2 283	8 079	4 350	28 475	17 166
浙 江	18 403	2 794	147 207	24 225	87 747	27 779	31 234	3 508
福 建	48 961	1 812	114 599	34 427	56 980	16 363	16 261	12 562
山 东	176 192	1 681	117 830	10 307	71 119	24 454	155 129	75 553
广 东	53 197	6 894	74 582	20 124	31 057	16 578	33 792	16 383
广 西	55 921		48 638	16 977	24 125	6 738	50 072	42 294
海 南	29 313	13 563	73 020	13 545	43 384	5 023	1 502	883

各地区海洋捕捞产量(按海域分)

单位:吨

地　　区	海洋捕捞产量	按捕捞海域分			
		1. 渤海	2. 黄海	3. 东海	4. 南海
全国总计	**12 643 822**	**975 257**	**3 185 005**	**5 022 719**	**3 460 841**
天　津	53 437	8 820	3 170	41 447	
河　北	230 539	185 562	44 977		
辽　宁	1 079 259	398 885	668 639	11 735	
上　海	19 639			19 639	
江　苏	553 787	525	490 343	62 919	
浙　江	3 192 000		197 632	2 991 173	3 195
福　建	1 937 300			1 742 337	194 963
山　东	2 315 178	381 465	1 780 244	153 469	
广　东	1 490 821				1 490 821
广　西	650 599				650 599
海　南	1 121 263				1 121 263

各地区海洋捕捞产量(按渔具分)

单位:吨

地　　区	海洋捕捞产量	按捕捞渔具分					
		1. 拖网	2. 围网	3. 刺网	4. 张网	5. 钓具	6. 其他
全国总计	**12 643 822**	**6 064 359**	**1 027 111**	**2 716 695**	**1 621 802**	**349 750**	**864 105**
天　津	53 437	42 328		8 729	126		2 254
河　北	230 539	41 917		124 418	50 774		13 430
辽　宁	1 079 259	448 461	439	457 837	83 817	13 737	74 968
上　海	19 639	16 349		1 180	2 085	25	
江　苏	553 787	79 000	7 744	151 842	229 487	196	85 518
浙　江	3 192 000	1 855 233	222 852	269 771	667 209	25 437	151 498
福　建	1 937 300	738 473	277 198	286 873	355 837	41 814	237 105
山　东	2 315 178	1 438 267	95 276	415 264	186 909	83 146	96 316
广　东	1 490 821	763 000	150 512	430 162	8 409	86 753	51 985
广　西	650 599	424 883	58 038	82 097	190	7 107	78 284
海　南	1 121 263	216 448	215 052	488 522	36 959	91 535	72 747

各地区淡水捕捞产量(按品种分)

单位:吨

地 区	淡水捕捞产量	1. 鱼类	2. 甲壳类	其中		3. 贝类	4. 藻类	5. 其他类	其中
				虾	蟹				丰年虫
全国总计	**2 307 427**	**1 661 230**	**340 607**	**285 029**	**55 578**	**272 272**	**265**	**33 053**	**1 252**
北 京	3 691	3 659	22	7	15			10	
天 津	12 333	8 531	1 920	1 389	531	982		900	
河 北	97 600	87 148	5 882	5 310	572	3 753		817	
山 西	1 122	1 049	23	21	2			50	50
内蒙古	31 009	30 569	364	341	23			76	76
辽 宁	54 247	44 251	8 743	4 719	4 024	620		633	
吉 林	20 852	19 813	482	477	5	491		66	
黑龙江	51 560	50 862	337	337		358		3	
上 海	3 841	3 712	77	74	3			52	
江 苏	328 524	192 725	59 189	43 390	15 799	72 126		4 484	
浙 江	95 782	57 311	8 558	7 530	1 028	27 646	5	2 262	
安 徽	325 049	212 296	68 157	57 514	10 643	36 888	220	7 488	
福 建	85 088	58 652	6 509	5 153	1 356	18 788		1 139	
江 西	260 620	174 053	52 509	50 121	2 388	29 901		4 157	
山 东	142 253	120 112	15 261	8 435	6 826	6 454		426	18
河 南	46 817	39 500	6 736	6 140	596	526		55	
湖 北	213 035	133 495	60 660	55 806	4 854	15 528		3 352	
湖 南	104 606	85 348	13 040	11 906	1 134	4 967		1 251	
广 东	129 844	79 871	11 853	8 843	3 010	36 232	26	1 862	4
广 西	131 851	108 114	8 915	7 532	1 383	13 200		1 622	
海 南	21 538	18 782	820	575	245	1 711		225	
重 庆	14 800	13 318	1 077	867	210	405			
四 川	60 000	54 865	4 238	3 728	510	665		232	
贵 州	14 000	11 603	2 050	1 905	145	224		123	
云 南	38 247	34 082	2 850	2 755	95	789		526	
西 藏	335	259						76	76
陕 西	5 400	5 084	139	123	16	18	14	145	7
甘 肃									
青 海									
宁 夏	230	230							
新 疆	13 153	11 936	196	31	165			1 021	1 021

2-4 远洋渔业

各地区远洋渔业

单位:吨、万元

地区	远洋捕捞产量	运回国内量	境外出售量	远洋渔业总产值	2013年比2012年增减(±)			
					远洋捕捞产量	运回国内量	境外出售量	远洋渔业总产值
全国总计	**1 351 978**	**809 446**	**542 532**	**1 431 242**	**128 537**	**87 040**	**41 497**	**110 342**
北京	7 008	3 132	3 876	6 406	-2 572	-4 342	1 770	-3 194
天津	13 027	9 510	3 517	10 427	2 234	2 306	-72	-2 173
河北								
辽宁	204 434	95 961	108 473	201 679	26 058	9 065	16 993	10 079
上海	105 186	33 316	71 870	114 569	-5 012	-4 433	-579	-9 931
江苏	19 549	8 696	10 853	32 320	5 779	682	5 097	10 720
浙江	368 186	339 626	28 560	302 121	77 305	62 032	15 273	66 221
福建	230 526	133 799	96 727	292 194	18 196	-8 087	26 283	88 194
山东	113 062	50 724	62 338	135 767	-21 920	1 786	-23 706	-46 433
广东	63 181	17 768	45 413	72 266	7 565	745	6 820	3 166
广西	2 789		2 789	3 244	-1 223		-1 223	-1 156
海南								
中农发集团	225 030	116 914	108 116	260 249	22 127	27 286	-5 159	-5 151

各地区远洋渔业主要品种产量

单位:吨

地区	远洋捕捞产量	其中	
		金枪鱼	鱿鱼
全国总计	**1 351 978**	**252 581**	**427 148**
北京	7 008	408	2 598
天津	13 027	704	1 437
河北			
辽宁	204 434	10 479	13 491
上海	105 186	63 706	8 277
江苏	19 549		2 612
浙江	368 186	65 033	276 075
福建	230 526	20 892	20 778
山东	113 062	34 366	35 980
广东	63 181	13 729	1 700
广西	2 789	958	
海南			
中农发集团	225 030	42 306	64 200

第三部分

生产要素

3-1 水产养殖面积

全国水产养殖面积(按水域和养殖方式分)

单位:公顷

指标		2013年	2012年	2013年比2012年增减(±)	
				绝对量	幅度(%)
总计		**8 321 699**	**8 088 403**	**233 296**	**2.88**
1. 海水养殖		2 315 569	2 180 927	134 642	6.17
按水域分	海上	1 337 355	1 216 714	120 641	9.92
	滩涂	697 556	691 322	6 234	0.90
	其他	280 658	272 891	7 767	2.85
养殖方式中	池塘	463 638	437 630	26 008	5.94
	普通网箱(m^2)	46 686 225	39 831 261	6 854 964	17.21
	深水网箱(m^3)	4 152 827	4 379 017	-226 190	-5.17
	筏式	318 891	395 233	-76 342	-19.32
	吊笼	113 212	104 604	8 608	8.23
	底播	1 122 481	998 334	124 147	12.44
	工厂化(m^3)	21 719 477	19 243 855	2 475 622	12.86
2. 淡水养殖		6 006 130	5 907 476	98 654	1.67
按水域分	池塘	2 623 176	2 566 859	56 317	2.19
	湖泊	1 022 692	1 024 785	-2 093	-0.20
	水库	1 957 966	1 911 468	46 498	2.43
	河沟	275 809	274 817	992	0.36
	其他	126 487	129 547	-3 060	-2.36
	稻田养成鱼	1 520 685	1 294 919	225 766	17.43
养殖方式中	围栏(m^2)	2 442 538 429	2 440 782 222	1 756 207	0.07
	网箱(m^2)	155 324 847	148 436 410	6 888 437	4.64
	工厂化(m^3)	28 020 151	28 571 447	-551 296	-1.93

全国海水养殖面积(按品种分)

单位:公顷

指　　标	2013 年	2012 年	2013 年比 2012 年增减(±)	
			绝对量	幅度(%)
海水养殖	**2 315 569**	**2 180 927**	**134 642**	**6.17**
1. 鱼类	80 107	72 898	7 209	9.89
2. 甲壳类	286 271	289 953	-3 682	-1.27
虾	226 604	229 162	-2 558	-1.12
其中:南美白对虾	142 542	134 971	7 571	5.61
斑节对虾	14 902	16 720	-1 818	-10.87
中国对虾	19 979	21 624	-1 645	-7.61
日本对虾	18 925	26 762	-7 837	-29.28
蟹	59 667	60 791	-1 124	-1.85
其中:梭子蟹	29 256	29 036	220	0.76
青蟹	26 660	27 357	-697	-2.55
3. 贝类	1 564 967	1 474 890	90 077	6.11
牡蛎	131 014	130 165	849	0.65
鲍	13 447	12 736	711	5.58
螺	41 466	45 760	-4 294	-9.38
蚶	59 982	66 909	-6 927	-10.35
贻贝	51 308	52 680	-1 372	-2.60
江珧	1 043	1 052	-9	-0.86
扇贝	639 139	542 056	97 083	17.91
蛤	405 469	402 599	2 870	0.71
蛏	61 229	61 456	-227	-0.37
4. 藻类	121 988	120 801	1 187	0.98
海带	37 282	40 201	-2 919	-7.26
裙带菜	8 199	7 778	421	5.41
紫菜	62 376	61 351	1 025	1.67
江蓠	9 398	8 222	1 176	14.30
麒麟菜	646	624	22	3.53
石花菜		1	-1	-100.00
羊栖菜	1 390	1 273	117	9.19
苔菜	60	156	-96	-61.54
5. 其他类	262 236	222 385	39 851	17.92
其中:海参	214 945	181 544	33 401	18.40
海胆	14 756	10 845	3 911	36.06
海水珍珠	3 310	3 306	4	0.12
海蜇	11 769	9 707	2 062	21.24

各地区水产养殖面积(一)

单位:公顷

地区	2013年				2012年				2013年比2012年增减(±)			
	总面积	海水养殖面积	淡水养殖面积	池塘	总面积	海水养殖面积	淡水养殖面积	池塘	总面积	海水养殖面积	淡水养殖面积	池塘
全国总计	**8 321 699**	**2 315 569**	**6 006 130**	**2 623 176**	**8 088 403**	**2 180 927**	**5 907 476**	**2 566 859**	**233 296**	**134 642**	**98 654**	**56 317**
北京	4 221		4 221	4 143	4 364		4 364	4 254	-143		-143	-111
天津	40 481	3 169	37 312	32 548	41 342	3 992	37 350	31 725	-861	-823	-38	823
河北	197 294	117 928	79 366	30 965	212 072	134 682	77 390	29 629	-14 778	-16 754	1 976	1 336
山西	15 462		15 462	2 820	15 046		15 046	2 435	416		416	385
内蒙古	115 753		115 753	18 054	116 949		116 949	17 838	-1 196		-1 196	216
辽宁	1 148 881	942 050	206 831	47 930	1 015 636	813 035	202 601	47 173	133 245	129 015	4 230	757
吉林	307 687		307 687	30 027	294 413		294 413	29 767	13 274		13 274	260
黑龙江	376 396		376 396	108 681	373 364		373 364	109 440	3 032		3 032	-759
上海	20 966		20 966	18 856	22 027		22 027	19 696	-1 061		-1 061	-840
江苏	765 278	193 807	571 471	376 031	771 180	199 352	571 828	371 140	-5 902	-5 545	-357	4 891
浙江	302 376	89 358	213 018	72 329	302 967	89 747	213 220	71 592	-591	-389	-202	737
安徽	570 384		570 384	209 643	556 611		556 611	203 416	13 773		13 773	6 227
福建	253 252	154 453	98 799	38 298	242 819	145 486	97 333	37 056	10 433	8 967	1 466	1 242
江西	433 226		433 226	155 126	432 098		432 098	153 950	1 128		1 128	1 176
山东	826 897	546 814	280 083	146 408	803 437	523 705	279 732	139 739	23 460	23 109	351	6 669

各地区水产养殖面积(二)

单位:公顷

地区	2013年				2012年				2013年比2012年增减(±)			
	总面积	海水养殖面积	淡水养殖面积	池塘	总面积	海水养殖面积	淡水养殖面积	池塘	总面积	海水养殖面积	淡水养殖面积	池塘
河南	255 458		255 458	111 193	235 756		235 756	102 918	19 702		19 702	8 275
湖北	683 460		683 460	375 953	680 067		680 067	367 512	3 393		3 393	8 441
湖南	447 632		447 632	226 893	436 670		436 670	219 757	10 962		10 962	7 136
广东	570 137	197 198	372 939	277 871	575 210	201 834	373 376	279 147	-5 073	-4 636	-437	-1 276
广西	231 665	54 001	177 664	79 404	229 096	53 249	175 847	78 197	2 569	752	1 817	1 207
海南	57 898	16 791	41 107	23 376	56 341	15 845	40 496	23 061	1 557	946	611	315
重庆	88 039		88 039	51 027	84 342		84 342	47 813	3 697		3 697	3 214
四川	196 809		196 809	102 147	192 803		192 803	100 290	4 006		4 006	1 857
贵州	56 237		56 237	5 309	49 325		49 325	4 189	6 912		6 912	1 120
云南	134 934		134 934	36 436	124 016		124 016	34 352	10 918		10 918	2 084
西藏	31		31	31	30		30	30	1		1	1
陕西	47 932		47 932	11 203	48 151		48 151	11 535	-219		-219	-332
甘肃	13 878		13 878	2 377	13 306		13 306	2 029	572		572	348
青海	42 431		42 431	318	42 431		42 431	318				
宁夏	45 897		45 897	16 278	45 426		45 426	16 044	471		471	234
新疆	70 707		70 707	11 501	71 108		71 108	10 817	-401		-401	684

各地区海水养殖面积（按品种分）（一）

单位：公顷

地　　区	海水养殖面积	1. 鱼类	2. 甲壳类	虾	其中			
					南美白对虾	斑节对虾	中国对虾	日本对虾
全国总计	**2 315 569**	**80 107**	**286 271**	**226 604**	**142 542**	**14 902**	**19 979**	**18 925**
天　　津	3 169	17	3 152		3 148		4	
河　　北	117 928	591	22 193	20 429	8 980		6 381	3 684
辽　　宁	942 050	6 545	13 596	12 490	4 550		4 669	2 621
上　　海								
江　　苏	193 807	11 184	25 447	14 793	2 509	328	2 169	392
浙　　江	89 358	4 423	30 081	14 856	7 835	320	415	690
福　　建	154 453	12 847	25 133	15 748	8 957	1 592	1 455	3 327
山　　东	546 814	12 621	62 776	53 624	37 803	1 620	2 649	6 938
广　　东	197 198	27 809	71 592	61 536	42 799	9 186	2 237	984
广　　西	54 001	1 147	21 721	20 406	18 111	1 546		289
海　　南	16 791	2 923	10 580	9 570	7 850	310		

各地区海水养殖面积（按品种分）（二）

单位：公顷

地　　区	2. 甲壳类（续）			3. 贝类	其中				
	蟹	其中			牡蛎	鲍	螺	蚶	贻贝
		梭子蟹	青蟹						
全国总计	**59 667**	**29 256**	**26 660**	**1 564 967**	**131 014**	**13 447**	**41 466**	**59 982**	**51 308**
天　　津									
河　　北	1 764	1 764		85 003			15	4 382	345
辽　　宁	1 106	1 100		779 761	15 082	1 398		31 692	4 340
上　　海									
江　　苏	10 654	10 352	282	114 655	2 820	67	20 028	4 542	3 515
浙　　江	15 225	3 627	11 331	44 377	4 852	90	3 426	9 568	1 440
福　　建	9 385	4 915	4 154	74 954	35 764	4 750	418	3 768	1 251
山　　东	9 152	6 993	133	345 962	22 056	5 446	8 360	2 780	36 142
广　　东	10 056	499	8 695	88 881	32 113	1 626	6 354	2 921	4 101
广　　西	1 315		1 315	29 571	17 967		2 735	198	174
海　　南	1 010	6	750	1 803	360	70	130	131	

各地区海水养殖面积(按品种分)(三)

单位:公顷

地区	3. 贝类(续)				4. 藻类				
	其中(续)					其中			
	江珧	扇贝	蛤	蛏		海带	裙带菜	紫菜	江蓠
全国总计	**1 043**	**639 139**	**405 469**	**61 229**	**121 988**	**37 282**	**8 199**	**62 376**	**9 398**
天津									
河北		58 571	15 290						
辽宁		469 714	144 337	3 325	12 292	5 496	6 796		
上海									
江苏			71 187	7 729	39 605	720		38 885	
浙江		68	6 688	15 862	10 007	691		7 782	31
福建		222	13 718	13 348	38 396	16 274		14 962	5 926
山东		103 923	126 526	18 654	17 218	14 014	1 393	115	641
广东	1 043	6 453	20 457	2 212	3 157	87	10	632	2 180
广西		183	6 586	99					
海南		5	680		1 313				620

各地区海水养殖面积(按品种分)(四)

单位:公顷

地区	4. 藻类(续)				5. 其他类				
	其中(续)					其中			
	麒麟菜	石花菜	羊栖菜	苔菜		海参	海胆	海水珍珠	海蜇
全国总计	**646**		**1 390**	**60**	**262 236**	**214 945**	**14 756**	**3 310**	**11 769**
天津									
河北					10 141	9 786			25
辽宁					129 856	112 841	7 193		8 345
上海									
江苏					2 916	1 760			1 097
浙江			970	60	470	22			190
福建			390		3 123	1 463	2		1 427
山东					108 237	88 770	4 754		612
广东	60		30		5 759	286	2 807	2 264	26
广西					1 562	17		925	47
海南	586				172			121	

各地区海水养殖面积(按水域和养殖方式分类)(一)

单位:公顷

地　区	海水养殖面积	按养殖水域分			养殖方式中	
		1. 海上	2. 滩涂	3. 其他	池塘	普通网箱(m^2)
全国总计	**2 315 569**	**1 337 355**	**697 556**	**280 658**	**463 638**	**46 686 225**
天　津	3 169			3 169	3 168	
河　北	117 928	70 917	27 687	19 324	31 585	
辽　宁	942 050	732 371	132 720	76 959	79 327	336 313
上　海						
江　苏	193 807	41 362	123 613	28 832	44 355	18 000
浙　江	89 358	16 656	45 229	27 473	31 956	991 665
福　建	154 453	73 603	55 590	25 260	30 750	37 477 533
山　东	546 814	321 586	196 630	28 598	138 809	1 061 186
广　东	197 198	60 627	85 638	50 933	71 758	4 867 844
广　西	54 001	16 834	19 968	17 199	20 020	458 418
海　南	16 791	3 399	10 481	2 911	11 910	1 475 266

各地区海水养殖面积(按水域和养殖方式分类)(二)

单位:公顷

地　区	养殖方式中(续)				
	深水网箱(m^3水体)	筏式	吊笼	底播	工厂化(m^3水体)
全国总计	**4 152 827**	**318 891**	**113 212**	**1 122 481**	**21 719 477**
天　津					411 080
河　北		63 845		22 382	1 933 160
辽　宁	493 000	54 004	5 316	689 207	3 420 791
上　海					
江　苏	14 020	42 490	750	88 994	436 772
浙　江	734 886	12 731	174	24 507	893 175
福　建	324 164	40 937	5 755	17 948	6 458 619
山　东	1 663 898	84 264	91 391	229 041	7 338 108
广　东	585 475	12 540	9 371	38 513	427 125
广　西	254 524	8 080	155	10 993	
海　南	82 860		300	896	400 647

各地区淡水养殖面积(按水域和养殖方式分)(一)

单位:公顷

地 区	淡水养殖面积	按 水 域			
		1. 池塘	2. 湖泊	3. 水库	4. 河沟
全国总计	**6 006 130**	**2 623 176**	**1 022 692**	**1 957 966**	**275 809**
北 京	4 221	4 143			
天 津	37 312	32 548		3 331	471
河 北	79 366	30 965	3 973	42 467	1 585
山 西	15 462	2 820	1 653	10 801	20
内 蒙 古	115 753	18 054	42 901	50 779	4 019
辽 宁	206 831	47 930	200	104 512	1 945
吉 林	307 687	30 027	103 779	173 881	
黑 龙 江	376 396	108 681	106 523	135 275	22 244
上 海	20 966	18 856	283		1 607
江 苏	571 471	376 031	90 967	21 175	66 973
浙 江	213 018	72 329	2 800	95 808	35 779
安 徽	570 384	209 643	202 095	93 792	52 046
福 建	98 799	38 298	825	52 838	4 862
江 西	433 226	155 126	103 381	156 658	14 792
山 东	280 083	146 408	10 683	116 214	6 560
河 南	255 458	111 193	3 398	131 122	9 690
湖 北	683 460	375 953	192 620	107 967	4 614
湖 南	447 632	226 893	89 756	128 505	894
广 东	372 939	277 871	5 205	79 271	1 976
广 西	177 664	79 404		88 657	7 269
海 南	41 107	23 376	309	17 200	21
重 庆	88 039	51 027		28 554	7 822
四 川	196 809	102 147	4 369	71 028	19 121
贵 州	56 237	5 309	620	42 835	3 481
云 南	134 934	36 436	14 046	82 743	1 549
西 藏	31	31			
陕 西	47 932	11 203	7 233	26 953	1 947
甘 肃	13 878	2 377	54	11 274	
青 海	42 431	318	4 254	37 859	
宁 夏	45 897	16 278	27 775	1 414	430
新 疆	70 707	11 501	2 990	45 053	4 092

各地区淡水养殖面积(按水域和养殖方式分)(二)

单位:公顷

地区	按水域(续)		养殖方式中		
	5. 其他	6. 稻田	围栏(m^2)	网箱(m^2)	工厂化(m^3 水体)
全国总计	**126 487**	**1 520 685**	**2 442 538 429**	**155 324 847**	**28 020 151**
北京	78				359 105
天津	962	2 667			201 847
河北	376	2 658	3 997 000	7 611 158	1 153 600
山西	168	266	50 025	52 977	
内蒙古		2 509	34 950 000	16 829	16 468
辽宁	52 244	97 408	3 995 000	894 150	347 464
吉林		4 456	201 880	25 250	1
黑龙江	3 673	18 100	3 980 550	135 175	
上海	220				26 000
江苏	16 325	125 326	67 728 119	13 756 749	2 346 077
浙江	6 302	75 397	12 618 904	2 726 496	8 141 549
安徽	12 808	86 426	1 222 576 804	20 373 632	606 180
福建	1 976	18 705	104 282	1 226 798	8 431 829
江西	3 269	60 160	205 708 507	8 837 891	1 862 702
山东	218	6 269	53 570 070	24 022 804	1 798 286
河南	55	459	74 127 730	5 308 455	162 985
湖北	2 306	178 992	539 170 000	47 814 000	360 000
湖南	1 584	189 562	119 742 284	8 159 516	4 376
广东	8 616	2 398	405 273	298 265	8 622
广西	2 334	44 370	59 216 215	6 169 771	
海南	201		500 600	30 772	565 003
重庆	636	40 968	21 395 000	43 200	49 618
四川	144	301 552		908 387	1 200
贵州	3 992	138 859	5 769 060	3 604 414	64 630
云南	160	111 826	3 593 636	1 573 127	1 409 045
西藏					
陕西	596	240	9 137 490	1 555 084	28 580
甘肃	173			31 812	
青海				139 155	
宁夏		11 112			
新疆	7 071			8 980	74 984

3－2 水产苗种

全国水产苗种数量

指　　标	计量单位	2013 年	2012 年	2013 年比 2012 年增减(±)	
				绝对量	幅度(%)
淡水鱼苗产量	**亿尾**	**19 143**	**11 181**	**7 961**	**71.20**
其中:罗非鱼	亿尾	1 029	219	810	370.69
淡水鱼种产量	吨	3 567 482	3 490 287	77 195	2.21
投放鱼种产量	吨	3 927 223	3 821 089	106 134	2.78
河蟹育苗量	千克	846 781	841 873	4 908	0.58
扣蟹	千克	49 943 769	48 631 951	1 311 818	2.70
稚鳖数量	万只	59 086	62 137	－3 051	－4.91
稚龟数量	万只	8 353	6 881	1 472	21.39
鳗苗捕捞量	千克	21 930	23 333	－1 403	－6.01
海水鱼苗产量	**万尾**	**572 887**	**489 142**	**83 745**	**17.12**
其中:大黄鱼	万尾	182 791	242 154	－59 363	－24.51
鲆鱼	万尾	33 477	27 293	6 184	22.66
虾类育苗量	亿尾	7 560	8 732	－1 171	－13.41
其中:南美白对虾	亿尾	6 134	6 948	－814	－11.71
贝类育苗量	万粒	132 371 057	134 989 515	－2 618 458	－1.94
其中:鲍鱼育苗量	万粒	770 125	746 441	23 684	3.17
海带育苗量	亿株	303	289	13	4.62
紫菜育苗量	亿贝壳	202	171	30	17.74
海参	亿头	738	584	154	26.40

各地区水产苗种数量(一)

地区	淡水鱼苗（亿尾）	其中:罗非鱼（亿尾）	淡水鱼种（吨）	投放鱼种（吨）	河蟹育苗（千克）	扣蟹（千克）
全国总计	**19 142.55**	**1 028.74**	**3 567 482**	**3 927 223**	**846 781**	**49 943 769**
北京	10.16		15 557	10 066		
天津	42.47		14 934	28 535	1 500	150 000
河北	26.64	0.37	26 082	35 010	2 000	6 910
山西	3.98		3 505	5 724		300
内蒙古	5.21	0.01	12 290	15 338		
辽宁	100.00	3.00	87 150	91 383	83 100	17 027 035
吉林	17.17		13 581	17 505		
黑龙江	12.75		44 476	48 299		
上海	18.08		6 460	17 147		7 462 000
江苏	469.99	0.18	340 831	460 032	755 877	10 023 376
浙江	145.85	0.62	51 329	87 351	953	46 670
安徽	399.19	0.79	280 040	337 957		11 231 571
福建	29.23	8.34	15 220	34 014		
江西	326.08	4.28	280 596	398 335		288 911
山东	62.97	1.80	109 037	163 132	2 031	112 865
河南	69.76		119 793	113 671		84 649
湖北	901.00	8.00	1 002 616	975 357		3 465 148
湖南	333.97	0.01	420 333	369 730		19 100
广东	7 591.00	114.00	292 334	162 489	300	1
广西	314.49	18.78	108 188	122 685		
海南	70.60	55.56	7 449	9 194		
重庆	67.70		65 547	75 361		
四川	202.19	0.93	148 760	197 358		
贵州	77.83		11 272	19 033	1 000	340
云南	104.15	12.05	39 662	72 377		280
西藏	0.02		6	6		
陕西	16.31		7 690	10 792	20	15 000
甘肃	7 689.30	800.00	2 331	2 677		1 530
青海			1			8 083
宁夏	8.91		26 535	30 739		
新疆	25.55	0.02	13 877	15 926		

各地区水产苗种数量(二)

地　区	稚鳖（万只）	稚龟（万只）	鳗苗捕捞（千克）	海水鱼苗（万尾）	其中：大黄鱼(万尾)	其中：鲆鱼(万尾)
全国总计	**59 086.28**	**8 352.75**	**21 930**	**572 886.70**	**182 791.00**	**33 477.00**
北　京	9.60	2.00				
天　津	297.00			2 084.00		1 906.00
河　北	1 824.50			3 887.00		1 725.00
山　西	264.30					
内蒙古						
辽　宁	3.00			2 579.00		1 856.00
吉　林						
黑龙江						
上　海	8.00	19.00	167			
江　苏	4 740.00	1 612.00	11 993	11 478.00		176.00
浙　江	19 008.03	1 623.14	1 837	8 248.00	6 702.00	
安　徽	3 795.79	761.75				
福　建	260.50	135.00	7 745	264 125.00	175 700.00	570.00
江　西	3 465.70	1 336.45				
山　东	2 485.00	7.00		33 951.00	50.00	26 987.00
河　南	1 312.00	15.00				
湖　北	6 524.00	1 218.00				
湖　南	3 276.64	594.10				
广　东	6 239.00	513.00	188	231 346.00	339.00	257.00
广　西	5 082.84	494.19		31.20		
海　南				15 157.50		
重　庆	43.70	0.50				
四　川	156.68	6.62				
贵　州						
云　南	0.60					
西　藏						
陕　西	289.40	15.00				
甘　肃						
青　海						
宁　夏						
新　疆						

各地区水产苗种数量(三)

地 区	虾类育苗(亿尾)	其中:南美白对虾(亿尾)	贝类育苗(万粒)	其中:鲍鱼(万粒)	海带(亿株)	紫菜(亿贝壳)	海参(亿头)
全国总计	**7 560.45**	**6 134.11**	**132 371 057**	**770 125**	**302.69**	**201.75**	**737.82**
北 京							
天 津	136.00	126.20					
河 北	923.96	873.26	80 600				4.11
山 西							
内蒙古							
辽 宁	95.00	46.00	5 001 425	24 388			290.00
吉 林							
黑龙江							
上 海	45.17	25.53					
江 苏	218.86	175.01	49 000			4.27	
浙 江	515.03	336.77	20 298 596			32.97	
安 徽	63.09	0.20	77 340				
福 建	3 887.09	3 513.00	70 478 514	562 797	218.69	4.51	0.13
江 西	8.00		12 300				
山 东	417.00	307.00	35 652 675	102 713	84.00		443.58
河 南	3.02						
湖 北	268.00		82 119				
湖 南							
广 东	255.00	117.00	581 938	74 784		160.00	
广 西	219.56	215.12	25 989	240			
海 南	505.00	399.00	30 561	5 203			
重 庆	0.50						
四 川							
贵 州							
云 南	0.17	0.02					
西 藏							
陕 西							
甘 肃							
青 海							
宁 夏							
新 疆							

3—3 年末渔船拥有量

全国渔船年末拥有量(一)

指标	2013年			2012年			2013年比2012年增减(±)		
	艘	总吨	千瓦	艘	总吨	千瓦	艘	总吨	千瓦
渔船合计	**1 071 664**	**10 443 511**	**22 199 018**	**1 069 910**	**10 098 512**	**21 735 732**	**1 754**	**344 999**	**463 286**
机动渔船合计	694 905	9 895 517	22 199 018	695 555	9 542 349	21 735 732	−650	353 168	463 286
1. 生产渔船	663 609	8 844 303	20 189 819	663 468	8 535 647	19 777 962	141	308 656	411 857
(1)捕捞渔船	452 403	8 024 895	17 693 077	451 358	7 707 435	17 309 721	1 045	317 460	383 356
441千瓦及以上	2 065	812 458	1 351 639	1 797	700 491	1 179 501	268	111 967	172 138
44.1～441千瓦	65 233	5 410 483	10 425 078	66 222	5 166 997	10 305 428	−989	243 486	119 650
44.1千瓦及以下	385 105	1 801 954	5 916 360	383 339	1 839 947	5 824 792	1 766	−37 993	91 568
(2)养殖渔船	211 206	819 408	2 496 742	212 110	828 212	2 468 241	−904	−8 804	28 501
2. 辅助渔船	31 296	1 051 214	2 009 199	32 087	1 006 702	1 957 770	−791	44 512	51 429
(1)捕捞辅助船	27 808	903 674	1 502 739	28 654	845 441	1 473 034	−846	58 233	29 705
(2)渔业执法船	2 304	72 279	427 883	2 300	68 310	375 659	4	3 969	52 224
机动渔船按船长分 24米(含)以上	35 908	5 387 149	9 273 313	34 748	5 027 422	8 806 720	1 160	359 727	466 593
机动渔船按船长分 12(含)～24米	94 485	2 389 572	5 211 335	95 940	2 371 474	5 336 233	−1 455	18 098	−124 898
机动渔船按船长分 12米以下	564 512	2 118 796	7 714 370	564 867	2 143 453	7 592 779	−355	−24 657	121 591
非机动渔船合计	376 759	547 994		374 355	556 163		2 404	−8 169	

全国渔船年末拥有量(二)

指　标		总　数			海洋渔船			内陆渔船		
		艘	总吨	千瓦	艘	总吨	千瓦	艘	总吨	千瓦
渔船合计		**1 071 664**	**10 443 511**	**22 199 018**	**297 779**	**8 155 244**	**16 396 732**	**773 885**	**2 288 267**	**5 802 286**
机动渔船合计		694 905	9 895 517	22 199 018	283 321	8 133 187	16 396 732	411 584	1 762 330	5 802 286
1. 生产渔船		663 609	8 844 303	20 189 819	268 653	7 196 399	14 656 356	394 956	1 647 904	5 533 463
(1)捕捞渔船		452 403	8 024 895	17 693 077	196 803	6 887 624	13 614 004	255 600	1 137 271	4 079 073
441 千瓦及以上		2 065	812 458	1 351 639	2 001	785 422	1 343 459	64	27 036	8 180
44.1～441 千瓦		65 233	5 410 483	10 425 078	59 500	5 296 707	10 114 014	5 733	113 776	311 064
44.1 千瓦及以下		385 105	1 801 954	5 916 360	135 302	805 495	2 156 531	249 803	996 459	3 759 829
(2)养殖渔船		211 206	819 408	2 496 742	71 850	308 775	1 042 352	139 356	510 633	1 454 390
2. 辅助渔船		31 296	1 051 214	2 009 199	14 668	936 788	1 740 376	16 628	114 426	268 823
(1)捕捞辅助船		27 808	903 674	1 502 739	13 378	806 247	1 365 416	14 430	97 427	137 323
(2)渔业执法船		2 304	72 279	427 883	557	56 624	303 320	1 747	15 655	124 563
机动渔船按船长分	24 米(含)以上	35 908	5 387 149	9 273 313	35 300	5 331 156	9 226 964	608	55 993	46 349
	12(含)～24 米	94 485	2 389 572	5 211 335	54 909	1 904 122	4 374 581	39 576	485 450	836 754
	12 米以下	564 512	2 118 796	7 714 370	193 112	897 909	2 795 187	371 400	1 220 887	4 919 183
非机动渔船合计		376 759	547 994		14 458	22 057		362 301	525 937	

各地区机动渔船年末拥有量

地　　区	2013年			2012年			2013年比2012年增减(±)		
	艘	总吨	千瓦	艘	总吨	千瓦	艘	总吨	千瓦
全国总计	**694 905**	**9 895 517**	**22 199 018**	**695 555**	**9 542 349**	**21 735 732**	**-650**	**353 168**	**463 286**
北　京	31	4 462	7 189	30	4 461	7 129	1	1	60
天　津	4 328	34 938	97 362	4 039	37 420	104 688	289	-2 482	-7 326
河　北	13 716	265 238	564 652	13 202	236 128	534 214	514	29 110	30 438
山　西	229	592	3 021	237	622	4 039	-8	-30	-1 018
内蒙古	1 430	2 395	18 774	1 423	2 538	18 866	7	-143	-92
辽　宁	40 878	779 955	1 555 998	44 058	754 313	1 575 586	-3 180	25 642	-19 588
吉　林	4 405	6 277	80 219	4 381	7 660	46 927	24	-1 383	33 292
黑龙江	12 066	16 222	111 462	11 647	16 014	104 812	419	208	6 650
上　海	1 417	122 917	189 090	1 477	126 746	190 829	-60	-3 829	-1 739
江　苏	130 625	1 000 644	3 209 029	131 106	985 840	3 169 760	-481	14 804	39 269
浙　江	46 667	2 795 665	4 584 231	49 640	2 686 820	4 558 649	-2 973	108 845	25 582
安　徽	31 854	316 581	444 247	31 294	319 381	430 082	560	-2 800	14 165
福　建	62 199	1 071 352	2 539 317	63 014	994 307	2 408 140	-815	77 045	131 177
江　西	32 219	173 476	446 227	32 272	181 178	448 755	-53	-7 702	-2 528
山　东	71 874	1 099 828	2 388 240	65 304	1 061 661	2 225 971	6 570	38 167	162 269
河　南	4 510	16 669	69 915	4 578	16 742	70 126	-68	-73	-211
湖　北	50 685	115 236	421 328	50 685	115 236	421 328			
湖　南	42 650	78 826	320 264	42 666	90 755	302 109	-16	-11 929	18 155
广　东	65 897	930 544	2 445 109	66 615	883 435	2 443 419	-718	47 109	1 690
广　西	26 606	390 796	881 734	26 887	364 105	865 265	-281	26 691	16 469
海　南	26 805	437 836	1 244 529	27 469	439 074	1 244 938	-664	-1 238	-409
重　庆	5 693	15 971	61 785	5 637	18 582	58 086	56	-2 611	3 699
四　川	8 134	10 542	76 964	8 262	10 628	77 474	-128	-86	-510
贵　州	5 598	19 966	86 395	5 277	18 709	81 296	321	1 257	5 099
云　南	1 474	3 965	24 126	1 475	3 718	22 972	-1	247	1 154
西　藏	7	12	61	7	12	61			
陕　西	1 214	9 114	28 784	1 276	8 978	32 006	-62	136	-3 222
甘　肃	33	75	624	18	51	569	15	24	55
青　海	222	870	5 506	172	693	3 755	50	177	1 751
宁　夏	21	113	1 716	19	103	1 628	2	10	88
新　疆	1 056	3 401	17 100	1 035	3 311	16 790	21	90	310
中农发集团	362	171 039	274 020	353	153 128	265 463	9	17 911	8 557

各地区机动渔船年末拥有量(按船长分)

地区	24米(含)以上			12(含)~24米			12米以下		
	艘	总吨	千瓦	艘	总吨	千瓦	艘	总吨	千瓦
全国总计	**35 908**	**5 387 149**	**9 273 313**	**94 485**	**2 389 572**	**5 211 335**	**564 512**	**2 118 796**	**7 714 370**
北京	10	4 386	5 627	4	53	716	17	23	846
天津	74	18 737	32 594	566	11 730	28 847	3 688	4 471	35 921
河北	857	85 072	143 356	5 726	135 544	287 078	7 133	44 622	134 218
山西				18	70	300	211	522	2 721
内蒙古				20	398	1 206	1 410	1 997	17 568
辽宁	2 876	307 161	582 578	9 975	328 232	601 601	28 027	144 562	371 819
吉林	3	131	367	443	1 383	9 073	3 959	4 763	70 779
黑龙江				99	1 209	9 693	11 967	15 013	101 769
上海	295	108 569	152 066	494	12 892	29 386	628	1 456	7 638
江苏	2 734	177 166	413 343	18 238	299 110	547 277	109 653	524 368	2 248 409
浙江	13 800	2 518 954	3 886 368	4 896	175 961	376 243	27 971	100 750	321 620
安徽	268	17 629	8 454	6 131	160 889	154 110	25 455	138 063	281 683
福建	4 220	659 800	1 279 193	6 981	238 438	622 524	50 998	173 114	637 600
江西	5	168	535	7 727	68 657	155 375	24 487	104 651	290 317
山东	5 401	682 009	1 224 159	9 312	201 576	478 123	57 161	216 243	685 958
河南	9	378	563	205	1 721	4 366	4 296	14 570	64 986
湖北	1	50	198	3 450	15 058	36 527	47 234	100 128	384 603
湖南				1 511	6 541	22 392	41 139	72 285	297 872
广东	2 795	331 288	727 290	11 417	404 843	1 065 987	51 685	194 413	651 832
广西	1 283	209 858	329 213	1 571	106 820	218 561	23 752	74 118	333 960
海南	921	95 439	214 733	4 058	208 493	525 234	21 826	133 904	504 562
重庆				618	3 333	10 854	5 075	12 638	50 931
四川				182	981	4 503	7 952	9 561	72 461
贵州				439	2 031	7 376	5 159	17 935	79 019
云南	1	7	210	178	666	3 338	1 295	3 292	20 578
西藏							7	12	61
陕西				78	1 349	2 603	1 136	7 765	26 181
甘肃							33	75	624
青海				19	167	1 957	203	703	3 549
宁夏							21	113	1 716
新疆	2	49	400	120	686	4 131	934	2 666	12 569
中农发集团	353	170 298	272 066	9	741	1 954			

各地区机动渔船年末拥有量(生产渔船)

地区	生产渔船			其中					
				捕捞渔船			养殖渔船		
	艘	总吨	千瓦	艘	总吨	千瓦	艘	总吨	千瓦
全国总计	**663 609**	**8 844 303**	**20 189 819**	**452 403**	**8 024 895**	**17 693 077**	**211 206**	**819 408**	**2 496 742**
北京	14	4 390	5 649	10	4 386	5 627	4	4	22
天津	4 148	31 684	86 139	3 258	30 950	80 660	890	734	5 479
河北	12 769	229 469	489 318	8 101	188 100	365 072	4 668	41 369	124 246
山西	214	509	2 033	133	169	991	81	340	1 042
内蒙古	1 378	2 123	14 976	1 179	1 897	12 654	199	226	2 322
辽宁	39 996	714 382	1 409 347	25 135	643 971	1 187 173	14 861	70 411	222 174
吉林	4 366	6 229	79 817	3 084	3 964	60 099	1 282	2 265	19 718
黑龙江	11 949	15 000	101 711	9 008	11 234	78 220	2 941	3 766	23 491
上海	1 319	104 690	152 377	1 315	104 673	152 296	4	17	81
江苏	122 733	946 324	3 080 709	62 514	629 187	2 310 173	60 219	317 137	770 536
浙江	43 804	2 290 869	3 846 998	31 709	2 245 645	3 730 126	12 095	45 224	116 872
安徽	28 850	264 275	397 118	24 677	225 070	351 603	4 173	39 205	45 515
福建	59 312	942 885	2 260 292	36 234	886 845	2 030 171	23 078	56 040	230 121
江西	32 035	171 781	436 196	23 160	136 573	335 539	8 875	35 208	100 657
山东	70 944	1 059 530	2 273 716	52 022	991 613	1 995 675	18 922	67 917	278 041
河南	4 426	16 272	66 730	1 707	4 239	24 787	2 719	12 033	41 943
湖北	50 024	112 545	411 235	25 728	59 597	214 205	24 296	52 948	197 030
湖南	40 522	71 853	310 930	21 778	47 387	180 819	18 744	24 466	130 111
广东	60 296	838 489	2 187 086	55 045	812 834	2 119 703	5 251	25 655	67 383
广西	25 626	383 968	852 244	24 209	381 365	828 026	1 417	2 603	24 218
海南	26 165	424 937	1 204 529	25 889	422 677	1 198 147	276	2 260	6 382
重庆	5 349	14 759	55 501	5 224	14 390	54 134	125	369	1 367
四川	7 744	9 562	67 470	5 716	6 214	47 942	2 028	3 348	19 528
贵州	5 496	19 446	80 334	3 410	14 278	49 810	2 086	5 168	30 524
云南	1 350	3 602	18 202	879	2 164	10 897	471	1 438	7 305
西藏	7	12	61	7	12	61			
陕西	1 185	8 926	26 742	122	737	2 009	1 063	8 189	24 733
甘肃	15	15	143				15	15	143
青海	203	703	3 549				203	703	3 549
宁夏									
新疆	1 022	3 140	14 962	802	2 790	12 753	220	350	2 209
中农发集团	348	151 934	253 705	348	151 934	253 705			

各地区海洋机动渔船年末拥有量

地区	2013年			2012年			2013年比2012年增减(±)		
	艘	总吨	千瓦	艘	总吨	千瓦	艘	总吨	千瓦
全国总计	**283 321**	**8 133 187**	**16 396 732**	**280 450**	**7 714 262**	**15 950 851**	**2 871**	**418 925**	**445 881**
北京	10	4 386	5 627	10	4 386	5 627			
天津	546	32 050	63 365	565	35 358	70 072	-19	-3 308	-6 707
河北	9 710	253 139	498 499	9 700	226 302	471 221	10	26 837	27 278
辽宁	38 587	773 677	1 533 757	41 920	746 368	1 554 658	-3 333	27 309	-20 901
上海	520	115 763	168 520	528	119 283	169 453	-8	-3 520	-933
江苏	10 254	292 911	734 210	11 456	292 220	739 796	-1 202	691	-5 586
浙江	31 356	2 743 294	4 420 386	32 511	2 630 148	4 383 403	-1 155	113 146	36 983
福建	58 701	1 066 902	2 516 160	56 208	975 760	2 323 163	2 493	91 142	192 997
山东	42 588	982 598	1 987 245	36 081	941 961	1 823 787	6 507	40 637	163 458
广东	53 879	888 671	2 320 947	54 363	859 626	2 312 427	-484	29 045	8 520
广西	10 165	371 545	653 911	10 164	343 377	634 663	1	28 168	19 248
海南	26 643	437 212	1 220 085	26 591	386 345	1 197 118	52	50 867	22 967
中农发集团	362	171 039	274 020	353	153 128	265 463	9	17 911	8 557

各地区海洋机动渔船年末拥有量(按船长分)

地区	24米(含)以上			12(含)~24米			12米以下		
	艘	总吨	千瓦	艘	总吨	千瓦	艘	总吨	千瓦
全国总计	**35 300**	**5 331 156**	**9 226 964**	**54 909**	**1 904 122**	**4 374 581**	**193 112**	**897 909**	**2 795 187**
北京	10	4 386	5 627						
天津	74	18 737	32 594	329	11 730	27 470	143	1 583	3 301
河北	855	84 652	142 302	5 585	133 244	280 092	3 270	35 243	76 105
辽宁	2 871	306 386	582 088	9 890	327 621	598 806	25 826	139 670	352 863
上海	286	107 860	150 268	222	7 832	17 947	12	71	305
江苏	2 472	169 172	396 006	4 100	99 120	243 324	3 682	24 619	94 880
浙江	13 792	2 515 119	3 880 200	3 763	168 647	360 397	13 801	59 528	179 789
福建	4 220	659 800	1 279 193	6 958	238 290	621 594	47 523	168 812	615 373
山东	5 396	681 317	1 219 666	7 971	200 330	447 870	29 221	100 951	319 709
广东	2 767	308 132	723 008	10 763	402 493	1 046 962	40 349	178 046	550 977
广西	1 283	209 858	329 213	1 263	105 929	205 723	7 619	55 758	118 975
海南	921	95 439	214 733	4 056	208 145	522 442	21 666	133 628	482 910
中农发集团	353	170 298	272 066	9	741	1 954			

各地区海洋机动渔船年末拥有量(生产渔船)

地区	生产渔船			其中					
				捕捞渔船			养殖渔船		
	艘	总吨	千瓦	艘	总吨	千瓦	艘	总吨	千瓦
全国总计	**268 653**	**7 196 399**	**14 656 356**	**196 803**	**6 887 624**	**13 614 004**	**71 850**	**308 775**	**1 042 352**
北　京	10	4 386	5 627	10	4 386	5 627			
天　津	496	29 267	54 291	467	29 233	54 201	29	34	90
河　北	8 809	217 728	425 473	5 518	179 541	316 550	3 291	38 187	108 923
辽　宁	37 751	708 566	1 389 227	23 198	639 511	1 171 545	14 553	69 055	217 682
上　海	478	98 902	137 671	478	98 902	137 671			
江　苏	10 017	277 307	683 843	8 401	246 301	591 699	1 616	31 006	92 144
浙　江	28 762	2 240 268	3 692 066	22 257	2 215 042	3 629 599	6 505	25 226	62 467
福　建	55 836	938 581	2 238 617	33 085	882 999	2 011 043	22 751	55 582	227 574
山　东	42 104	943 032	1 882 380	24 370	881 192	1 619 658	17 734	61 840	262 722
广　东	48 750	796 877	2 081 927	43 712	771 426	2 017 639	5 038	25 451	64 288
广　西	9 269	365 102	629 171	9 201	364 612	627 925	68	490	1 246
海　南	26 023	424 449	1 182 358	25 758	422 545	1 177 142	265	1 904	5 216
中农发集团	348	151 934	253 705	348	151 934	253 705			

各地区内陆机动渔船年末拥有量

地　区	2013 年			2012 年			2013 年比 2012 年增减(±)		
	艘	总吨	千瓦	艘	总吨	千瓦	艘	总吨	千瓦
全国总计	**411 584**	**1 762 330**	**5 802 286**	**415 105**	**1 828 087**	**5 784 881**	**-3 521**	**-65 757**	**17 405**
北　京	21	76	1 562	20	75	1 502	1	1	60
天　津	3 782	2 888	33 997	3 474	2 062	34 616	308	826	-619
河　北	4 006	12 099	66 153	3 502	9 826	62 993	504	2 273	3 160
山　西	229	592	3 021	237	622	4 039	-8	-30	-1 018
内蒙古	1 430	2 395	18 774	1 423	2 538	18 866	7	-143	-92
辽　宁	2 291	6 278	22 241	2 138	7 945	20 928	153	-1 667	1 313
吉　林	4 405	6 277	80 219	4 381	7 660	46 927	24	-1 383	33 292
黑龙江	12 066	16 222	111 462	11 647	16 014	104 812	419	208	6 650
上　海	897	7 154	20 570	949	7 463	21 376	-52	-309	-806
江　苏	120 371	707 733	2 474 819	119 650	693 620	2 429 964	721	14 113	44 855
浙　江	15 311	52 371	163 845	17 129	56 672	175 246	-1 818	-4 301	-11 401
安　徽	31 854	316 581	444 247	31 294	319 381	430 082	560	-2 800	14 165
福　建	3 498	4 450	23 157	6 806	18 547	84 977	-3 308	-14 097	-61 820
江　西	32 219	173 476	446 227	32 272	181 178	448 755	-53	-7 702	-2 528
山　东	29 286	117 230	400 995	29 223	119 700	402 184	63	-2 470	-1 189
河　南	4 510	16 669	69 915	4 578	16 742	70 126	-68	-73	-211
湖　北	50 685	115 236	421 328	50 685	115 236	421 328			
湖　南	42 650	78 826	320 264	42 666	90 755	302 109	-16	-11 929	18 155
广　东	12 018	41 873	124 162	12 252	23 809	130 992	-234	18 064	-6 830
广　西	16 441	19 251	227 823	16 723	20 728	230 602	-282	-1 477	-2 779
海　南	162	624	24 444	878	52 729	47 820	-716	-52 105	-23 376
重　庆	5 693	15 971	61 785	5 637	18 582	58 086	56	-2 611	3 699
四　川	8 134	10 542	76 964	8 262	10 628	77 474	-128	-86	-510
贵　州	5 598	19 966	86 395	5 277	18 709	81 296	321	1 257	5 099
云　南	1 474	3 965	24 126	1 475	3 718	22 972	-1	247	1 154
西　藏	7	12	61	7	12	61			
陕　西	1 214	9 114	28 784	1 276	8 978	32 006	-62	136	-3 222
甘　肃	33	75	624	18	51	569	15	24	55
青　海	222	870	5 506	172	693	3 755	50	177	1 751
宁　夏	21	113	1 716	19	103	1 628	2	10	88
新　疆	1 056	3 401	17 100	1 035	3 311	16 790	21	90	310

各地区内陆机动渔船年末拥有量(按船长分)

地区	24米(含)以上			12(含)~24米			12米以下		
	艘	总吨	千瓦	艘	总吨	千瓦	艘	总吨	千瓦
全国总计	**608**	**55 993**	**46 349**	**39 576**	**485 450**	**836 754**	**371 400**	**1 220 887**	**4 919 183**
北京				4	53	716	17	23	846
天津				237		1 377	3 545	2 888	32 620
河北	2	420	1 054	141	2 300	6 986	3 863	9 379	58 113
山西				18	70	300	211	522	2 721
内蒙古				20	398	1 206	1 410	1 997	17 568
辽宁	5	775	490	85	611	2 795	2 201	4 892	18 956
吉林	3	131	367	443	1 383	9 073	3 959	4 763	70 779
黑龙江				99	1 209	9 693	11 967	15 013	101 769
上海	9	709	1 798	272	5 060	11 439	616	1 385	7 333
江苏	262	7 994	17 337	14 138	199 990	303 953	105 971	499 749	2 153 529
浙江	8	3 835	6 168	1 133	7 314	15 846	14 170	41 222	141 831
安徽	268	17 629	8 454	6 131	160 889	154 110	25 455	138 063	281 683
福建				23	148	930	3 475	4 302	22 227
江西	5	168	535	7 727	68 657	155 375	24 487	104 651	290 317
山东	5	692	4 493	1 341	1 246	30 253	27 940	115 292	366 249
河南	9	378	563	205	1 721	4 366	4 296	14 570	64 986
湖北	1	50	198	3 450	15 058	36 527	47 234	100 128	384 603
湖南				1 511	6 541	22 392	41 139	72 285	297 872
广东	28	23 156	4 282	654	2 350	19 025	11 336	16 367	100 855
广西				308	891	12 838	16 133	18 360	214 985
海南				2	348	2 792	160	276	21 652
重庆				618	3 333	10 854	5 075	12 638	50 931
四川				182	981	4 503	7 952	9 561	72 461
贵州				439	2 031	7 376	5 159	17 935	79 019
云南	1	7	210	178	666	3 338	1 295	3 292	20 578
西藏							7	12	61
陕西				78	1 349	2 603	1 136	7 765	26 181
甘肃							33	75	624
青海				19	167	1 957	203	703	3 549
宁夏							21	113	1 716
新疆	2	49	400	120	686	4 131	934	2 666	12 569

各地区内陆机动渔船年末拥有量(生产渔船)

地区	生产渔船			其中					
				捕捞渔船			养殖渔船		
	艘	总吨	千瓦	艘	总吨	千瓦	艘	总吨	千瓦
全国总计	**394 956**	**1 647 904**	**5 533 463**	**255 600**	**1 137 271**	**4 079 073**	**139 356**	**510 633**	**1 454 390**
北京	4	4	22				4	4	22
天津	3 652	2 417	31 848	2 791	1 717	26 459	861	700	5 389
河北	3 960	11 741	63 845	2 583	8 559	48 522	1 377	3 182	15 323
山西	214	509	2 033	133	169	991	81	340	1 042
内蒙古	1 378	2 123	14 976	1 179	1 897	12 654	199	226	2 322
辽宁	2 245	5 816	20 120	1 937	4 460	15 628	308	1 356	4 492
吉林	4 366	6 229	79 817	3 084	3 964	60 099	1 282	2 265	19 718
黑龙江	11 949	15 000	101 711	9 008	11 234	78 220	2 941	3 766	23 491
上海	841	5 788	14 706	837	5 771	14 625	4	17	81
江苏	112 716	669 017	2 396 866	54 113	382 886	1 718 474	58 603	286 131	678 392
浙江	15 042	50 601	154 932	9 452	30 603	100 527	5 590	19 998	54 405
安徽	28 850	264 275	397 118	24 677	225 070	351 603	4 173	39 205	45 515
福建	3 476	4 304	21 675	3 149	3 846	19 128	327	458	2 547
江西	32 035	171 781	436 196	23 160	136 573	335 539	8 875	35 208	100 657
山东	28 840	116 498	391 336	27 652	110 421	376 017	1 188	6 077	15 319
河南	4 426	16 272	66 730	1 707	4 239	24 787	2 719	12 033	41 943
湖北	50 024	112 545	411 235	25 728	59 597	214 205	24 296	52 948	197 030
湖南	40 522	71 853	310 930	21 778	47 387	180 819	18 744	24 466	130 111
广东	11 546	41 612	105 159	11 333	41 408	102 064	213	204	3 095
广西	16 357	18 866	223 073	15 008	16 753	200 101	1 349	2 113	22 972
海南	142	488	22 171	131	132	21 005	11	356	1 166
重庆	5 349	14 759	55 501	5 224	14 390	54 134	125	369	1 367
四川	7 744	9 562	67 470	5 716	6 214	47 942	2 028	3 348	19 528
贵州	5 496	19 446	80 334	3 410	14 278	49 810	2 086	5 168	30 524
云南	1 350	3 602	18 202	879	2 164	10 897	471	1 438	7 305
西藏	7	12	61	7	12	61			
陕西	1 185	8 926	26 742	122	737	2 009	1 063	8 189	24 733
甘肃	15	15	143				15	15	143
青海	203	703	3 549				203	703	3 549
宁夏									
新疆	1 022	3 140	14 962	802	2 790	12 753	220	350	2 209

各地区捕捞机动渔船年末拥有量(按功率分)

地　　区	44.1 千瓦(含)以下			44.1～441 千瓦			441 千瓦(含)以上		
	艘	总吨	千瓦	艘	总吨	千瓦	艘	总吨	千瓦
全国总计	**385 105**	**1 801 954**	**5 916 360**	**65 233**	**5 410 483**	**10 425 078**	**2 065**	**812 458**	**1 351 639**
北　京				6	764	1 437	4	3 622	4 190
天　津	1 447	3 198	10 172	1 802	21 046	60 748	9	6 706	9 740
河　北	5 748	36 901	93 837	2 350	150 455	269 912	3	744	1 323
山　西	133	169	991						
内蒙古	1 177	1 627	12 268	2	270	386			
辽　宁	18 255	144 930	294 547	6 653	429 511	783 997	227	69 530	108 629
吉　林	3 070	3 906	59 537	14	58	562			
黑龙江	8 988	11 185	77 073	20	49	1 147			
上　海	848	4 841	13 044	398	30 394	57 766	69	69 438	81 486
江　苏	56 069	374 050	1 677 835	6 431	253 807	630 470	14	1 330	1 868
浙　江	17 797	66 231	230 106	13 463	1 923 693	3 172 591	449	255 721	327 429
安　徽	22 977	169 765	255 034	1 700	55 305	96 569			
福　建	27 377	105 676	365 660	8 511	674 693	1 418 504	346	106 476	246 007
江　西	23 160	136 573	335 539						
山　东	44 454	236 492	631 706	7 367	705 256	1 268 927	201	49 865	95 042
河　南	1 704	4 204	24 453	3	35	334			
湖　北	25 705	59 313	212 886	23	284	1 319			
湖　南	21 778	47 387	180 819						
广　东	45 335	177 365	533 274	9 303	544 470	1 373 097	407	90 999	213 332
广　西	21 883	45 347	277 190	2 282	323 606	529 551	44	12 412	21 285
海　南	21 074	132 704	456 255	4 782	279 912	723 534	33	10 061	18 358
重　庆	5 218	14 336	53 691	3	51	423	3	3	20
四　川	5 712	6 202	47 750	4	12	192			
贵　州	3 410	14 278	49 810						
云　南	879	2 164	10 897						
西　藏	7	12	61						
陕　西	110	551	1 546	12	186	463			
甘　肃									
青　海									
宁　夏									
新　疆	790	2 547	10 379	12	243	2 374			
中农发集团				92	16 383	30 775	256	135 551	222 930

各地区海洋捕捞机动渔船基本情况

地　　区	合　计		1. 国内海洋捕捞		其中:纳入双控管理渔船数		2. 远洋渔船	
	艘	千瓦	艘	千瓦	艘	千瓦	艘	千瓦
全国总计	**196 803**	**13 614 004**	**194 644**	**12 030 491**	**159 732**	**11 504 942**	**2 159**	**1 583 513**
北　京	10	5 627					10	5 627
天　津	467	54 201	448	41 691	484	42 915	19	12 510
河　北	5 518	316 550	5 518	316 550	5 647	329 947		
辽　宁	23 198	1 171 545	22 846	935 201	19 677	854 197	352	236 344
上　海	478	137 671	406	42 751	438	54 678	72	94 920
江　苏	8 401	591 699	8 357	581 788	7 422	574 231	44	9 911
浙　江	22 257	3 629 599	21 785	3 266 230	21 609	3 377 518	472	363 369
福　建	33 085	2 011 043	32 717	1 756 497	25 770	1 737 808	368	254 546
山　东	24 370	1 619 658	24 043	1 362 740	22 309	1 420 016	327	256 918
广　东	43 712	2 017 639	43 573	1 950 443	36 613	1 899 815	139	67 196
广　西	9 201	627 925	9 190	623 378	9 648	706 449	11	4 547
海　南	25 758	1 177 142	25 758	1 177 142	10 115	507 368		
中农发集团	348	253 705					345	277 625

各地区海洋捕捞机动渔船年末拥有量(按功率分)

地　　区	44.1 千瓦(含)以下			44.1～441 千瓦			441 千瓦(含)以上		
	艘	总吨	千瓦	艘	总吨	千瓦	艘	总吨	千瓦
全国总计	**135 302**	**805 495**	**2 156 531**	**59 500**	**5 296 707**	**10 114 014**	**2 001**	**785 422**	**1 343 459**
北　京				6	764	1 437	4	3 622	4 190
天　津	167	2 661	4 414	291	19 866	40 047	9	6 706	9 740
河　北	3 203	30 712	50 783	2 312	148 085	264 444	3	744	1 323
辽　宁	16 342	141 395	280 579	6 629	428 586	782 337	227	69 530	108 629
上　海	105	929	3 396	311	28 645	53 166	62	69 328	81 109
江　苏	4 091	41 497	107 256	4 304	203 494	482 640	6	1 310	1 803
浙　江	8 358	39 836	136 653	13 458	1 923 232	3 171 685	441	251 974	321 261
福　建	24 228	101 830	346 532	8 511	674 693	1 418 504	346	106 476	246 007
山　东	16 802	126 071	255 689	7 367	705 256	1 268 927	201	49 865	95 042
广　东	34 183	159 280	438 090	9 160	544 303	1 367 767	369	67 843	211 782
广　西	6 875	28 594	77 089	2 282	323 606	529 551	44	12 412	21 285
海　南	20 948	132 690	456 050	4 777	279 794	702 734	33	10 061	18 358
中农发集团				92	16 383	30 775	256	135 551	222 930

各地区海洋捕捞机动渔船年末拥有量（按作业类型分）（一）

地　区	拖　网			围　网			刺　网		
	艘	总吨	千瓦	艘	总吨	千瓦	艘	总吨	千瓦
全国总计	**36 744**	**3 466 844**	**6 670 275**	**7 837**	**508 809**	**899 786**	**102 133**	**1 608 868**	**3 592 461**
北　京									
天　津	28	6 312	10 431				355	12 889	28 944
河　北	184	28 299	46 390	2	1 302	796	5 329	149 641	268 926
辽　宁	5 356	304 723	535 371	28	1 000	2 280	12 616	278 325	516 694
上　海	303	64 449	84 017	10	14 029	27 571	12	1 121	2 194
江　苏	1 507	41 000	117 296	60	2 713	4 404	3 215	116 017	285 270
浙　江	8 075	1 193 294	2 084 510	613	152 551	193 206	5 224	249 846	432 571
福　建	4 024	414 422	892 707	1 214	106 764	157 703	14 256	170 605	455 291
山　东	8 073	641 155	1 158 451	98	23 300	29 513	11 171	127 805	275 967
广　东	5 201	325 192	886 194	1 439	80 770	170 698	30 257	270 985	734 372
广　西	2 137	265 058	477 521	820	55 742	84 498	5 765	41 304	62 853
海　南	1 675	107 896	240 419	3 548	64 065	216 620	13 919	189 150	526 739
中农发集团	181	75 044	136 968	5	6 573	12 497	14	1 180	2 640

各地区海洋捕捞机动渔船年末拥有量（按作业类型分）（二）

地　区	张　网			钓　业			其　他		
	艘	总吨	千瓦	艘	总吨	千瓦	艘	总吨	千瓦
全国总计	**21 814**	**474 747**	**920 594**	**11 327**	**559 916**	**901 637**	**16 948**	**268 440**	**629 251**
北　京	6	3 622	4 190	4	764	1 437			
天　津	10	4 342	6 354	9	3 875	6 156	65	1 815	2 316
河　北							3	299	438
辽　宁	2 513	16 531	42 798	1 508	30 191	48 673	1 177	8 741	25 729
上　海	125	1 308	5 056	28	17 995	18 833			
江　苏	2 577	68 356	145 316	13	351	812	1 029	17 864	38 601
浙　江	4 862	284 575	466 665	965	254 474	324 479	2 518	80 302	128 168
福　建	5 748	64 786	164 434	1 641	29 461	66 018	6 202	96 961	274 890
山　东	3 422	18 380	42 194	1 494	65 256	102 413	112	5 296	11 120
广　东	623	2 069	7 911	2 480	58 116	138 094	3 712	34 294	80 370
广　西				295	1 259	1 069	184	1 249	1 984
海　南	1 928	10 778	35 676	2 742	29 037	92 053	1 946	21 619	65 635
中农发集团				148	69 137	101 600			

各地区内陆捕捞机动渔船年末拥有量（按功率分）

地 区	44.1千瓦（含）以下			44.1～441千瓦			441千瓦（含）以上		
	艘	总吨	千瓦	艘	总吨	千瓦	艘	总吨	千瓦
全国总计	**249 803**	**996 459**	**3 759 829**	**5 733**	**113 776**	**311 064**	**64**	**27 036**	**8 180**
北 京									
天 津	1 280	537	5 758	1 511	1 180	20 701			
河 北	2 545	6 189	43 054	38	2 370	5 468			
山 西	133	169	991						
内蒙古	1 177	1 627	12 268	2	270	386			
辽 宁	1 913	3 535	13 968	24	925	1 660			
吉 林	3 070	3 906	59 537	14	58	562			
黑龙江	8 988	11 185	77 073	20	49	1 147			
上 海	743	3 912	9 648	87	1 749	4 600	7	110	377
江 苏	51 978	332 553	1 570 579	2 127	50 313	147 830	8	20	65
浙 江	9 439	26 395	93 453	5	461	906	8	3 747	6 168
安 徽	22 977	169 765	255 034	1 700	55 305	96 569			
福 建	3 149	3 846	19 128						
江 西	23 160	136 573	335 539						
山 东	27 652	110 421	376 017						
河 南	1 704	4 204	24 453	3	35	334			
湖 北	25 705	59 313	212 886	23	284	1 319			
湖 南	21 778	47 387	180 819						
广 东	11 152	18 085	95 184	143	167	5 330	38	23 156	1 550
广 西	15 008	16 753	200 101						
海 南	126	14	205	5	118	20 800			
重 庆	5 218	14 336	53 691	3	51	423	3	3	20
四 川	5 712	6 202	47 750	4	12	192			
贵 州	3 410	14 278	49 810						
云 南	879	2 164	10 897						
西 藏	7	12	61						
陕 西	110	551	1 546	12	186	463			
甘 肃									
青 海									
宁 夏									
新 疆	790	2 547	10 379	12	243	2 374			

各地区远洋渔船年末拥有量

地区	2013 年		2012 年		2013 年比 2012 年增减(±)	
	艘	千瓦	艘	千瓦	艘	千瓦
全国总计	**2 159**	**1 583 513**	**1 830**	**1 173 838**	**329**	**409 675**
北京	10	5 627	9	5 627	1	
天津	19	12 510	23	14 127	-4	-1 617
河北						
辽宁	352	236 344	311	174 421	41	61 923
上海	72	94 920	79	90 425	-7	4 495
江苏	44	9 911	38	6 499	6	3 412
浙江	472	363 369	418	286 330	54	77 039
福建	368	254 546	274	154 463	94	100 083
山东	327	256 918	190	125 135	137	131 783
广东	139	67 196	115	45 282	24	21 914
广西	11	4 547	23	9 429	-12	-4 882
海南						
中农发集团	345	277 625	350	262 100	-5	15 525

各地区辅助渔船年末拥有量

地区	合计			其中					
				捕捞辅助船			渔业执法船		
	艘	总吨	千瓦	艘	总吨	千瓦	艘	总吨	千瓦
全国总计	**31 296**	**1 051 214**	**2 009 199**	**27 808**	**903 674**	**1 502 739**	**2 304**	**72 279**	**427 883**
北京	17	72	1 540				17	72	1 540
天津	180	3 254	11 223	163	2 310	7 161	17	944	4 062
河北	947	35 769	75 334	858	32 534	63 407	49	2 351	8 327
山西	15	83	988				12	68	922
内蒙古	52	272	3 798	3	5	197	49	267	3 601
辽宁	882	65 573	146 651	797	57 282	111 572	85	7 100	34 873
吉林	39	48	402				39	48	402
黑龙江	117	1 222	9 751	18	13	58	99	1 209	9 693
上海	98	18 227	36 713	33	5 518	6 792	65	12 709	29 921
江苏	7 892	54 320	128 320	7 730	48 983	104 648	162	5 337	23 672
浙江	2 863	504 796	737 233	2 564	438 309	626 242	187	11 425	77 834
安徽	3 004	52 306	47 129	2 873	50 668	36 993	131	1 638	10 136
福建	2 887	128 467	279 025	2 336	111 287	214 340	67	6 328	37 143
江西	184	1 695	10 031	96	303	1 609	88	1 392	8 422
山东	930	40 298	114 524	586	32 104	66 535	118	7 339	43 506
河南	84	397	3 185				84	397	3 185
湖北	661	2 691	10 093	481	988	2 205	180	1 703	7 888
湖南	2 128	6 973	9 334	1 972	2 844	4 208	137	1 178	4 304
广东	5 601	92 055	258 023	5 255	83 628	185 032	203	5 162	65 659
广西	980	6 828	29 490	863	4 731	13 825	117	2 096	15 665
海南	640	12 899	40 000	592	11 679	30 800	48	1 220	9 200
重庆	344	1 212	6 284	303	808	1 976	41	403	4 304
四川	390	980	9 494	162	266	1 571	112	614	7 276
贵州	102	520	6 061	67	193	2 703	35	324	3 358
云南	124	363	5 924	31	75	363	60	229	5 080
西藏									
陕西	29	188	2 042				21	166	1 805
甘肃	18	60	481	10	21	40	8	39	441
青海	19	167	1 957				19	167	1 957
宁夏	21	113	1 716				21	113	1 716
新疆	34	261	2 138	1	20	147	33	241	1 991
中农发集团	14	19 105	20 315	14	19 105	20 315			

各地区海洋辅助渔船年末拥有量

地区	合计			其中					
				捕捞辅助船			渔业执法船		
	艘	总吨	千瓦	艘	总吨	千瓦	艘	总吨	千瓦
全国总计	**14 668**	**936 788**	**1 740 376**	**13 378**	**806 247**	**1 365 416**	**557**	**56 624**	**303 320**
北　京									
天　津	50	2 783	9 074	45	1 886	5 585	5	897	3 489
河　北	901	35 411	73 026	846	32 511	62 981	25	2 116	6 545
辽　宁	836	65 111	144 530	773	56 011	110 943	63	6 100	33 586
上　海	42	16 861	30 849	22	4 775	5 851	20	12 086	24 998
江　苏	237	15 604	50 367	209	12 365	34 968	28	3 239	15 399
浙　江	2 594	503 026	728 320	2 450	437 395	624 348	74	10 834	70 993
福　建	2 865	128 321	277 543	2 334	111 283	214 322	47	6 186	35 679
山　东	484	39 566	104 865	400	31 627	64 125	78	7 170	40 454
广　东	5 129	91 794	239 020	4 852	82 917	179 615	134	5 162	52 073
广　西	896	6 443	24 740	860	4 729	13 736	36	1 714	11 004
海　南	620	12 763	37 727	573	11 643	28 627	47	1 120	9 100
中农发集团	14	19 105	20 315	14	19 105	20 315			

各地区内陆辅助渔船年末拥有量

地区	合计			其中					
				捕捞辅助船			渔业执法船		
	艘	总吨	千瓦	艘	总吨	千瓦	艘	总吨	千瓦
全国总计	**16 628**	**114 426**	**268 823**	**14 430**	**97 427**	**137 323**	**1 747**	**15 655**	**124 563**
北京	17	72	1 540				17	72	1 540
天津	130	471	2 149	118	424	1 576	12	47	573
河北	46	358	2 308	12	23	426	24	235	1 782
山西	15	83	988				12	68	922
内蒙古	52	272	3 798	3	5	197	49	267	3 601
辽宁	46	462	2 121	24	1 271	629	22	1 000	1 287
吉林	39	48	402				39	48	402
黑龙江	117	1 222	9 751	18	13	58	99	1 209	9 693
上海	56	1 366	5 864	11	743	941	45	623	4 923
江苏	7 655	38 716	77 953	7 521	36 618	69 680	134	2 098	8 273
浙江	269	1 770	8 913	114	914	1 894	113	591	6 841
安徽	3 004	52 306	47 129	2 873	50 668	36 993	131	1 638	10 136
福建	22	146	1 482	2	4	18	20	142	1 464
江西	184	1 695	10 031	96	303	1 609	88	1 392	8 422
山东	446	732	9 659	186	477	2 410	40	169	3 052
河南	84	397	3 185				84	397	3 185
湖北	661	2 691	10 093	481	988	2 205	180	1 703	7 888
湖南	2 128	6 973	9 334	1 972	2 844	4 208	137	1 178	4 304
广东	472	261	19 003	403	711	5 417	69		13 586
广西	84	385	4 750	3	2	89	81	382	4 661
海南	20	136	2 273	19	36	2 173	1	100	100
重庆	344	1 212	6 284	303	808	1 976	41	403	4 304
四川	390	980	9 494	162	266	1 571	112	614	7 276
贵州	102	520	6 061	67	193	2 703	35	324	3 358
云南	124	363	5 924	31	75	363	60	229	5 080
西藏									
陕西	29	188	2 042				21	166	1 805
甘肃	18	60	481	10	21	40	8	39	441
青海	19	167	1 957				19	167	1 957
宁夏	21	113	1 716				21	113	1 716
新疆	34	261	2 138	1	20	147	33	241	1 991

各地区非机动渔船年末拥有量

地区	合计		其中			
			海洋渔业非机动渔船		内陆渔业非机动渔船	
	艘	总吨	艘	总吨	艘	总吨
全国总计	**376 759**	**547 994**	**14 458**	**22 057**	**362 301**	**525 937**
北　京	374	195			374	195
天　津	587	305			587	305
河　北	3 883	2 496			3 883	2 496
山　西	77	68			77	68
内蒙古	418	334			418	334
辽　宁	2 465	3 196	379	423	2 086	2 773
吉　林	2 706	2 593			2 706	2 593
黑龙江	4 023	2 433			4 023	2 433
上　海	181	112			181	112
江　苏	126 338	270 383	324	472	126 014	269 911
浙　江	31 759	36 204	1 700	2 225	30 059	33 979
安　徽	27 204	58 228			27 204	58 228
福　建	2 672	2 645	2 458	2 481	214	164
江　西	23 332	23 005			23 332	23 005
山　东	44 267	35 224	6 621	8 936	37 646	26 288
河　南	6 446	5 618			6 446	5 618
湖　北	55 488	52 291			55 488	52 291
湖　南	17 255	23 054			17 255	23 054
广　东	4 633	8 037	2 640	6 067	1 993	1 970
广　西	643	1 215	210	1 005	433	210
海　南	134	463	126	448	8	15
重　庆	899	1 096			899	1 096
四　川	6 508	4 468			6 508	4 468
贵　州	3 357	4 987			3 357	4 987
云　南	9 371	8 113			9 371	8 113
西　藏	58	30			58	30
陕　西	798	709			798	709
甘　肃	60	30			60	30
青　海						
宁　夏	138				138	
新　疆	685	462			685	462

3-4 基础设施

各地区渔业基础设施情况

单位:个

地区	国家级水产原良种场	渔港合计	其中			国家级水产种质资源保护区	国家级水生野生动植物自然保护区
			沿海中心渔港	沿海一级渔港	内陆重点渔港		
全国总计	**71**	**178**	**65**	**81**	**32**	**428**	**22**
北京	3						
天津	2						
河北	3	8	3	4	1	17	
山西	1	0				2	
内蒙古	1	1			1	8	
辽宁	1	10	3	7	1	5	
吉林	1	2			2	19	1
黑龙江	1	3			3	22	
上海	1						
江苏	6	11	6	5	1	28	
浙江	5	21	9	13		5	
安徽	1	3	9		3	23	
福建	1	19	9	12	1	8	
江西	4	2			2	19	
山东	11	19	10	10	1	35	
河南						16	
湖北	10	4			4	51	3
湖南	4	4			4	21	1
广东	2	19	8	11		16	5
广西	2	9	4	4	1	3	
海南	1	10	6	4		2	
重庆	1	2			2	2	1
四川	2	3			3	29	2
贵州		1			1	10	1
云南						15	1
西藏						3	
陕西	1					17	3
甘肃	1					18	1
青海	1					12	
宁夏						4	
新疆		1			1	9	
大连	2	8	3	6			1
青岛	1	6	3	3			
宁波		3	1	2			1
厦门	1						
深圳							
新疆兵团							
黄渤海区渔政局						4	
东海区渔政局						3	
南海区渔政局						2	1

3-5 渔业人口

全国渔业人口与从业人员

指　标	计量单位	2013 年	2012 年	2013 年比 2012 年增减(±)	其中:海洋渔业 2013 年	2012 年	2013 年比 2012 年增减(±)
1. 渔业乡	个	744	939	-195	377	391	-14
2. 渔业村	个	8 703	8 776	-73	3 732	3 759	-27
3. 渔业户	户	5 138 135	5 188 813	-50 678	1 457 056	1 565 862	-108 806
4. 渔业人口	人	20 659 375	20 738 071	-78 696	5 903 517	6 078 081	-174 564
其中:传统渔民	人	7 124 552	7 235 753	-111 201	3 126 034	3 162 186	-36 152
5. 渔业从业人员	人	14 430 576	14 440 510	-9 934	3 906 874	3 839 410	67 464
(1)专业从业人员	人	7 886 147	7 903 564	-17 417	2 411 364	2 367 460	43 904
其中:女性	人	1 615 319	1 649 754	-34 435	394 302	363 004	31 298
其中:捕捞	人	1 802 272	1 797 431	4 841	1 089 526	1 054 191	35 335
养殖	人	5 191 739	5 214 333	-22 594	925 374	920 794	4 580
其他	人	892 136	891 800	336	396 464	392 475	3 989
(2)兼业从业人员	人	4 930 407	4 956 892	-26 485	923 921	922 545	1 376
(3)临时从业人员	人	1 614 022	1 580 054	33 968	571 589	549 405	22 184

各地区渔业人口与从业人员(一)

地区	1. 渔业乡(个)	2. 渔业村(个)	3. 渔业户(户)	4. 渔业人口(人)		5. 渔业从业人员(人)
				小计	其中:传统渔民	
全国总计	**744**	**8 703**	**5 138 135**	**20 659 375**	**7 124 552**	**14 430 576**
北京	17	59	6 681	26 895	11 149	18 964
天津		7	13 097	55 432	17 150	38 397
河北	39	263	69 715	289 248	169 622	244 041
山西			1 288	6 689		5 886
内蒙古	4	32	8 640	43 446	6 965	29 856
辽宁	130	698	200 861	780 153	441 081	592 040
吉林	1	4	22 093	83 452	958	67 647
黑龙江			58 740	223 435	178 748	135 446
上海		20	10 803	41 115	12 689	26 513
江苏	40	442	344 932	1 482 549	456 944	1 154 484
浙江	82	748	336 235	1 130 419	458 518	792 776
安徽	12	206	209 625	880 951	302 677	688 257
福建	53	609	433 139	1 753 323	912 471	963 601
江西	28	362	336 282	1 552 448	334 995	958 874
山东	96	1 346	478 848	1 852 369	677 283	1 483 643
河南	28	612	144 382	579 323	41 009	468 488
湖北	51	889	519 922	1 803 592	753 578	1 289 998
湖南	5	275	280 268	1 261 489	183 492	919 452
广东	84	965	519 489	2 403 481	1 080 454	1 319 024
广西	6	209	234 071	1 024 461	326 911	815 303
海南	29	436	94 092	487 374	258 874	244 244
重庆		10	157 310	508 567	115 865	389 765
四川	35	170	483 367	1 659 160	224 060	1 153 529
贵州		15	71 235	266 448	48 351	245 766
云南	1	12	72 535	332 580	89 097	289 428
西藏		2	93	298	141	141
陕西	2	308	20 105	81 273	14 088	54 067
甘肃			2 345	10 731	1 453	8 374
青海			100	811		811
宁夏			3 781	19 167		18 006
新疆	1	4	4 061	18 696	5 929	13 755

各地区渔业人口与从业人员(二)

单位:人

地　区	1. 专业从业人员					2. 兼业从业人员	3. 临时从业人员
	小计	其中:女性	(1)捕捞	(2)养殖	(3)其他		
全国总计	**7 886 147**	**1 615 319**	**1 802 272**	**5 191 739**	**892 136**	**4 930 407**	**1 614 022**
北　京	11 067	2 956	627	8 344	2 096	4 442	3 455
天　津	20 251	754	5 402	13 858	991	11 519	6 627
河　北	125 441	25 300	45 793	62 173	17 475	45 515	73 085
山　西	3 309	540	279	2 785	245	1 784	793
内蒙古	18 261	3 532	6 319	10 101	1 841	9 206	2 389
辽　宁	390 150	71 909	136 512	216 931	36 707	120 344	81 546
吉　林	18 260	3 358	3 910	12 987	1 363	43 861	5 526
黑龙江	96 041	28 812	23 115	63 481	9 445	31 524	7 881
上　海	24 164	3 071	8 066	16 098		1 678	671
江　苏	698 670	168 841	172 923	484 765	40 982	322 638	133 176
浙　江	505 555	95 290	175 431	212 415	117 709	182 077	105 144
安　徽	344 177	90 576	64 933	246 163	33 081	264 235	79 845
福　建	580 870	86 374	210 977	300 344	69 549	309 536	73 195
江　西	432 726	87 855	60 540	315 253	56 933	417 674	108 474
山　东	735 928	145 444	196 598	355 656	183 674	388 672	359 043
河　南	218 295	52 404	30 687	161 130	26 478	210 452	39 741
湖　北	895 301	245 616	87 552	759 648	48 101	284 571	110 126
湖　南	444 276	83 132	55 041	359 570	29 665	427 270	47 906
广　东	865 902	169 921	269 457	531 618	64 827	385 572	67 550
广　西	423 207	52 758	70 351	310 725	42 131	308 856	83 240
海　南	188 119	31 683	111 337	52 712	24 070	47 973	8 152
重　庆	200 643	72 969	16 834	168 721	15 088	138 876	50 246
四　川	383 237	62 377	24 840	309 383	49 014	698 627	71 665
贵　州	105 632	4 962	7 480	88 278	9 874	120 192	19 942
云　南	103 668	16 945	13 404	83 390	6 874	120 590	65 170
西　藏	86		86			55	
陕　西	30 072	4 295	1 871	25 591	2 610	20 379	3 616
甘　肃	2 834	352		2 760	74	4 465	1 075
青　海	278	64		212	66	200	333
宁　夏	10 706	1 902	502	9 483	721	4 734	2 566
新　疆	9 021	1 327	1 405	7 164	452	2 890	1 844

各地区海洋渔业人口与从业人员(一)

地　区	1. 渔业乡(个)	2. 渔业村(个)	3. 渔业户(户)	4. 渔业人口(人)		5. 渔业从业人员(人)
				小计	其中:传统渔民	
全国总计	**377**	**3 732**	**1 457 056**	**5 903 517**	**3 126 034**	**3 906 874**
北　京				528		176
天　津		6	3 164	11 797	7 264	6 433
河　北	12	83	39 228	157 268	117 403	145 066
辽　宁	78	380	136 143	534 158	313 506	386 466
上　海		6	909	11 029	4 027	5 004
江　苏	12	101	42 457	264 614	95 236	183 289
浙　江	72	580	223 048	687 678	319 559	405 172
福　建	52	580	354 985	1 423 706	818 839	758 564
山　东	62	874	291 700	1 043 297	394 337	1 011 611
广　东	65	627	224 030	1 066 055	710 003	547 474
广　西	5	110	64 828	309 845	87 652	257 523
海　南	19	385	76 564	393 542	258 208	200 096

各地区海洋渔业人口与劳动力(二)

地　区	1. 专业从业人员(人)					2. 兼业从业人员(人)	3. 临时从业人员(人)
	小　计	其中:女性	(1)捕捞	(2)养殖	(3)其他		
全国总计	**2 411 364**	**394 302**	**1 089 526**	**925 374**	**396 464**	**923 921**	**571 589**
北　京	176		160		16		
天　津	3 501	200	1 700	1 210	591	2 742	190
河　北	69 615	3 670	31 262	27 022	11 331	13 581	61 870
辽　宁	261 039	51 964	119 026	115 380	26 633	65 857	59 570
上　海	4 885	106	4 885			65	54
江　苏	106 120	30 320	57 317	40 994	7 809	60 354	16 815
浙　江	288 589	37 985	148 525	61 244	78 820	59 782	56 801
福　建	482 510	72 910	197 323	223 259	61 928	213 044	63 010
山　东	442 467	69 927	137 859	166 395	138 213	311 892	257 252
广　东	413 139	93 383	243 726	129 310	40 103	107 047	27 288
广　西	173 295	12 984	38 393	124 304	10 598	63 512	20 716
海　南	166 028	20 853	109 350	36 256	20 422	26 045	8 023

第四部分

加工与贸易

4 -1　水产品加工

全国水产加工情况

指　标	计量单位	2013 年	2012 年	2013 年比 2012 年增减(±)	
				绝对量	幅度(%)
1. 水产加工企业	个	9 774	9 706	68	0.70
水产品加工能力	吨/年	27 453 094	26 380 416	1 072 678	4.07
其中:规模以上加工企业	个	2 750	2 737	13	0.47
2. 水产冷库	座	9 046	8 835	211	2.39
冻结能力	吨/日	659 570	588 946	70 624	11.99
冷藏能力	吨/次	4 888 711	4 515 020	373 691	8.28
制冰能力	吨/日	232 400	245 369	-12 969	-5.29
3. 水产加工品总量	吨	19 540 173	19 073 913	466 260	2.44
淡水加工产品	吨	3 629 827	3 439 881	189 946	5.52
海水加工产品	吨	15 910 346	15 634 032	276 314	1.77
(1)水产冷冻品	吨	12 299 779	11 749 664	550 115	4.68
其中:冷冻品	吨	5 888 239	5 633 597	254 642	4.52
冷冻加工品	吨	6 411 540	6 116 067	295 473	4.83
(2)鱼糜制品及干腌制品	吨	2 906 375	2 734 370	172 005	6.29
其中:鱼糜制品	吨	1 326 843	1 171 552	155 291	13.26
干腌制品	吨	1 579 532	1 562 818	16 714	1.07
(3)藻类加工品	吨	989 878	1 013 879	-24 001	-2.37
(4)罐制品	吨	374 911	355 387	19 524	5.49
(5)水产饲料(鱼粉)	吨	995 462	1 952 634	-957 172	-49.02
(6)鱼油制品	吨	77 010	60 208	16 802	27.91
(7)其他水产加工品	吨	1 896 758	1 207 771	688 987	57.05
其中:助剂和添加剂	吨	104 224	74 241	29 983	40.39
珍珠	千克	171 754	168 759	2 995	1.77
4. 用于加工的水产品总量	吨	21 687 297	21 358 082	329 215	1.54
其中:淡水产品	吨	5 555 188	5 108 055	447 133	8.75
海水产品	吨	16 132 109	16 250 027	-117 918	-0.73
5. 部分水产品年加工量	吨	1 701 210	1 510 701	190 509	12.61
其中:对虾	吨	479 650	535 710	-56 060	-10.46
克氏原螯虾	吨	184 316	174 895	9 421	5.39
罗非鱼	吨	866 986	623 465	243 521	39.06
鳗鱼	吨	110 746	109 527	1 219	1.11
斑点叉尾鮰	吨	59 512	67 104	-7 592	-11.31

各地区水产加工品总量

单位:吨

指标	2013年		2012年		2013年比2012年增减(±)			
					绝对量		幅度(%)	
	水产加工品总量	其中:淡水加工产品	水产加工品总量	其中:淡水加工产品	水产加工品总量	其中:淡水加工产品	水产加工品总量	其中:淡水加工产品
全国总计	**19 540 173**	**3 629 827**	**19 073 913**	**3 439 881**	**466 260**	**189 946**	**2.44**	**5.52**
北京	4 275	1 975	2 004	2 004	2 271	-29	113.32	-1.45
天津	1 346	626	1 346	626				
河北	129 325	13 038	141 550	12 639	-12 225	399	-8.64	3.16
山西								
内蒙古	8 502	8 502	8 418	8 418	84	84	1.00	1.00
辽宁	2 234 221	40 236	2 132 874	40 346	101 347	-110	4.75	-0.27
吉林	12 445	1 542	12 783	1 145	-338	397	-2.64	34.67
黑龙江	1 275	1 275	2 275	2 275	-1 000	-1 000	-43.96	-43.96
上海	24 686	15 698	26 972	18 663	-2 286	-2 965	-8.48	-15.89
江苏	1 553 378	846 997	1 587 634	839 063	-34 256	7 934	-2.16	0.95
浙江	2 188 453	138 105	2 207 803	145 257	-19 350	-7 152	-0.88	-4.92
安徽	171 728	160 304	135 784	131 304	35 944	29 000	26.47	22.09
福建	2 901 173	159 894	2 905 173	159 941	-4 000	-47	-0.14	-0.03
江西	340 339	340 339	311 710	311 710	28 629	28 629	9.18	9.18
山东	6 188 192	131 064	5 946 635	139 144	241 557	-8 080	4.06	-5.81
河南	22 421	22 421	21 403	21 403	1 018	1 018	4.76	4.76
湖北	891 837	891 837	771 837	771 837	120 000	120 000	15.55	15.55
湖南	157 949	157 949	144 242	144 242	13 707	13 707	9.50	9.50
广东	1 433 441	364 425	1 456 988	376 789	-23 547	-12 364	-1.62	-3.28
广西	722 482	163 804	709 103	155 081	13 379	8 723	1.89	5.62
海南	520 442	137 953	523 202	134 177	-2 760	3 776	-0.53	2.81
重庆	410	410	163	163	247	247	151.53	151.53
四川	3 898	3 898	2 859	2 859	1 039	1 039	36.34	36.34
贵州	1 188	1 188	1 034	1 034	154	154	14.89	14.89
云南	22 972	22 972	17 193	17 193	5 779	5 779	33.61	33.61
西藏								
陕西	840	420	480	120	360	300	75.00	250.00
甘肃								
青海								
宁夏	240	240	167	167	73	73	43.71	43.71
新疆	2 715	2 715	2 281	2 281	434	434	19.03	19.03

各地区水产加工品总量(按品种分)(一)

单位:吨

地　区	水产加工品总量	淡水加工产品	海水加工产品	1. 水产冷冻品	冷冻品	冷冻加工品
全国总计	**19 540 173**	**3 629 827**	**15 910 346**	**12 299 779**	**5 888 239**	**6 411 540**
北　京	4 275	1 975	2 300	4 275	2 295	1 980
天　津	1 346	626	720	1 346	1 346	
河　北	129 325	13 038	116 287	68 799	37 571	31 228
山　西						
内蒙古	8 502	8 502		6 081	5 621	460
辽　宁	2 234 221	40 236	2 193 985	1 556 458	434 248	1 122 210
吉　林	12 445	1 542	10 903	1 935	985	950
黑龙江	1 275	1 275		1 100	1 100	
上　海	24 686	15 698	8 988	23 665	9 619	14 046
江　苏	1 553 378	846 997	706 381	609 006	378 285	230 721
浙　江	2 188 453	138 105	2 050 348	1 644 084	1 136 812	507 272
安　徽	171 728	160 304	11 424	121 579	55 972	65 607
福　建	2 901 173	159 894	2 741 279	1 478 700	782 013	696 687
江　西	340 339	340 339		111 015	67 678	43 337
山　东	6 188 192	131 064	6 057 128	4 179 620	1 950 680	2 228 940
河　南	22 421	22 421		21 210	5 646	15 564
湖　北	891 837	891 837		368 738	123 281	245 457
湖　南	157 949	157 949		88 905	68 112	20 793
广　东	1 433 441	364 425	1 069 016	914 927	363 022	551 905
广　西	722 482	163 804	558 678	630 890	151 979	478 911
海　南	520 442	137 953	382 489	444 755	307 032	137 723
重　庆	410	410				
四　川	3 898	3 898		2 133	146	1 987
贵　州	1 188	1 188				
云　南	22 972	22 972		18 159	2 397	15 762
西　藏						
陕　西	840	420	420	840	840	
甘　肃						
青　海						
宁　夏	240	240				
新　疆	2 715	2 715		1 559	1 559	

各地区水产加工品总量(按品种分)(二)

单位:吨

地　区	2. 鱼糜制品及干腌制品	鱼糜制品	干腌制品	3. 藻类加工品	4. 罐制品	5. 水产饲料(鱼粉)
全国总计	**2 906 375**	**1 326 843**	**1 579 532**	**989 878**	**374 911**	**995 462**
北　京						
天　津						
河　北	8 054	150	7 904		6 529	42 328
山　西						
内蒙古	116		116	1 845	460	
辽　宁	159 634	49 557	110 077	252 872	22 194	87 488
吉　林	10 510	3 486	7 024			
黑龙江	170		170		5	
上　海						
江　苏	78 543	28 306	50 237	22 489	19 610	2 613
浙　江	236 024	108 880	127 144	20 069	50 790	208 874
安　徽	36 760	21 334	15 426		5 850	6 463
福　建	658 885	340 191	318 694	369 621	63 666	122 788
江　西	185 855	67 555	118 300	1 695	11 179	18 894
山　东	698 683	319 250	379 433	308 314	99 757	397 642
河　南	873	394	479	245	93	
湖　北	484 767	236 927	247 840		36 216	
湖　南	61 116	16 070	45 046		2 433	33
广　东	219 318	117 037	102 281	3 171	54 574	85 771
广　西	34 285	14 596	19 689		451	5 931
海　南	29 204	1 115	28 089	9 085		13 500
重　庆	400	180	220			
四　川	1 765	1 420	345			
贵　州	1 188	395	793			
云　南	35		35	472	498	2 537
西　藏						
陕　西						
甘　肃						
青　海						
宁　夏					240	
新　疆	190		190		366	600

各地区水产加工品总量(按品种分)(三)

单位:吨

地　区	6. 鱼油制品	7. 其他水产加工品		
			助剂和添加剂	珍珠(千克)
全国总计	**77 010**	**1 896 758**	**104 224**	**171 754**
北　京				
天　津				
河　北	515	3 100		
山　西				
内 蒙 古				
辽　宁	1 110	154 465	2 300	
吉　林				
黑 龙 江				
上　海		1 021		
江　苏		821 117	14	42
浙　江	6 173	22 439	9 326	946
安　徽	1 000	76		18 000
福　建	38 450	169 063	9 562	
江　西	545	11 156	125	409
山　东	24 144	480 032	78 350	
河　南				
湖　北		2 116	50	4 000
湖　南	1 204	4 258		142 941
广　东	239	155 441		5 416
广　西	2 361	48 564	4 497	
海　南		23 898		
重　庆		10		
四　川				
贵　州				
云　南	1 269	2		
西　藏				
陕　西				
甘　肃				
青　海				
宁　夏				
新　疆				

各地区用于加工的水产品量

单位：吨

地　区	用于加工的水产品量	其中	
		淡水产品	海水产品
全国总计	**21 687 297**	**5 555 188**	**16 132 109**
北　京	4 977	2 657	2 320
天　津	1 370	740	630
河　北	382 795	15 963	366 832
山　西			
内蒙古	8 860	8 860	
辽　宁	3 081 784	44 102	3 037 682
吉　林	40 106	2 546	37 560
黑龙江	1 535	1 535	
上　海	26 093	14 470	11 623
江　苏	1 721 581	916 493	805 088
浙　江	2 457 316	162 774	2 294 542
安　徽	198 293	184 521	13 772
福　建	3 506 773	198 376	3 308 397
江　西	639 550	639 550	
山　东	4 085 122	98 405	3 986 717
河　南	51 197	51 197	
湖　北	1 695 587	1 695 587	
湖　南	146 111	146 111	
广　东	1 953 911	630 898	1 323 013
广　西	790 181	229 412	560 769
海　南	828 874	445 710	383 164
重　庆	649	649	
四　川	5 179	5 179	
贵　州	2 794	2 794	
云　南	52 721	52 721	
西　藏			
陕　西			
甘　肃			
青　海			
宁　夏	520	520	
新　疆	3 418	3 418	

各地区水产品加工企业、冷库基本情况

地　区	水产加工企业			水产冷库			
	小计（个）	水产加工能力（吨/年）	其中：规模以上加工企业（个）	数量（座）	冻结能力（吨/日）	冷藏能力（吨/次）	制冰能力（吨/日）
全国总计	**9 774**	**27 453 094**	**2 750**	**9 046**	**659 570**	**4 888 711**	**232 400**
北　京	5	7 685	1	215	68	28 120	69
天　津	6	3 965		17	239	201 380	67
河　北	243	435 778	22	203	5 606	75 386	4 506
山　西							
内 蒙 古	38	7 130	17	31	345	2 274	242
辽　宁	909	2 847 999	385	845	68 440	672 236	18 826
吉　林	29	17 130	11	22	115	1 385	2
黑 龙 江	30	4 700		18	215	2 605	15
上　海	22	65 260	5	60	951	15 837	246
江　苏	997	1 538 976	309	1 118	35 190	172 351	26 347
浙　江	2 181	2 749 912	367	1 487	42 952	925 664	27 795
安　徽	112	247 130	62	398	12 186	59 294	752
福　建	1 189	4 262 682	409	796	15 623	417 666	20 645
江　西	178	251 486	43	174	2 057	16 781	2 779
山　东	2 024	8 768 354	675	2 178	329 130	1 713 850	84 480
河　南	73	55 197	11	56	1 031	10 274	542
湖　北	232	1 450 451	132	320	81 457	108 354	12 001
湖　南	124	359 939	50	245	15 934	43 017	1 937
广　东	1 077	2 593 668	128	540	27 292	283 196	14 970
广　西	188	1 084 144	57	50	2 496	90 722	3 028
海　南	45	435 300	44	157	4 548	34 520	12 993
重　庆	4	2 490	3	28	12 059	5 112	60
四　川	8	30 340	4	8	160	1 750	13
贵　州	13	5 568		8	20	220	15
云　南	38	210 400	9	22	613	3 045	67
西　藏							
陕　西				7	29	33	3
甘　肃							
青　海	1	3 000	1	2			
宁　夏	1	10 000	1	5	500	800	
新　疆	7	4 410	4	36	314	2 839	

4-2 水产品贸易

各地区水产品进出口贸易情况

单位:万美元,吨

地区	2013年进出口		2012年进出口		2013年比2012年增减(±)			
					绝对量		幅度(%)	
	金额	数量	金额	数量	金额	数量	金额	数量
全国总计	**2 890 120.71**	**8 129 377**	**2 698 139.15**	**7924968**	**191 981.56**	**204 409**	**7.12**	**2.58**
北　京	28 910.61	96 340	38 443.40	158026	-9 532.79	-61 687	-24.80	-39.04
天　津	31 222.07	114 965	22 893.69	93353	8 328.38	21 612	36.38	23.15
河　北	32 003.11	48 884	25 322.97	37408	6 680.14	11 476	26.38	30.68
山　西	26.53	113	1.08		25.45	113	2 356.22	45 020.00
内蒙古	74.98	210	36.64	152	38.34	58	104.64	37.98
辽　宁	411 134.45	1 708 689	382 767.19	1 568 539	28 367.26	140 150	7.41	8.94
吉　林	20 777.03	96 229	19 343.16	95 248	1 433.87	981	7.41	1.03
黑龙江	862.56	5 462	1 655.41	9 459	-792.85	-3 997	-47.89	-42.26
上　海	110 481.14	213 334	92 470.55	192 467	18 010.59	20 867	19.48	10.84
江　苏	46 560.88	98 341	46 077.41	104 670	483.47	-6 329	1.05	-6.05
浙　江	236 425.14	607 628	228 478.51	601 347	7 946.63	6 281	3.48	1.04
安　徽	8 320.27	23 686	8 125.80	31 109	194.47	-7 423	2.39	-23.86
福　建	563 420.02	1 187 576	519 684.98	1 115 663	43 735.04	71 912	8.42	6.45
江　西	36 672.48	21 345	33 814.17	16 488	2 858.31	4 856	8.45	29.45
山　东	737 076.90	2 532 024	751 146.41	2 517 954	-14 069.51	14 070	-1.87	0.56
河　南	1 697.45	4 572	1 411.59	2356	285.86	2 216	20.25	94.06
湖　北	33 282.47	33 928	26 454.48	29 510	6 827.99	4 419	25.81	14.97
湖　南	2 698.87	4 388	2 644.19	7 222	54.68	-2 833	2.07	-39.23
广　东	458 518.08	985 252	382 325.74	984 465	76 192.34	787	19.93	0.08
广　西	51 893.24	114 900	40 706.83	114 121	11 186.41	779	27.48	0.68
海　南	56 186.24	132 306	57 032.74	146 548	-846.50	-14 242	-1.48	-9.72
重　庆	4 440.73	22 576	3 134.67	16 113	1 306.06	6 462	41.67	40.11
四　川	2 812.25	8 049	4 209.68	21 173	-1 397.43	-13 123	-33.20	-61.98
贵　州	1.27				1.27			
云　南	13 683.13	66 385	8 839.56	57 398	4 843.57	8 986	54.79	15.66
陕　西	220.49	538	627.22	2 577	-406.73	-2 039	-64.85	-79.13
甘　肃								
青　海	370.79	632	107.90	172	262.89	460	243.64	267.43
宁　夏	9.54	38	26.37	155	-16.83	-116	-63.81	-75.21
新　疆	337.99	988	356.81	1275	-18.82	-287	-5.28	-22.49

各地区水产品出口贸易情况

单位:万美元,吨

地　区	2013 年出口		2012 年出口		2013 年比 2012 年增减(±)			
					绝对量		幅度(%)	
	金额	数量	金额	数量	金额	数量	金额	数量
全国总计	**2 026 325.69**	**3 959 072**	**1 898 311.28**	**3 801 211**	**128 014.41**	**157 861**	**6.74**	**4.15**
北　京	191.39	171	205.69	174	-14.30	-3	-6.95	-1.74
天　津	5 649.56	7 152	6 389.54	7 193	-739.98	-41	-11.58	-0.57
河　北	27 948.30	37 941	22 525.15	31 181	5 423.15	6 760	24.08	21.68
山　西	1.89	10			1.89	10		
内蒙古	5.05	10			5.05	10		
辽　宁	258 757.88	729 142	243 498.02	685 866	15 259.86	43 276	6.27	6.31
吉　林	8 355.05	19 313	7 328.28	13 870	1 026.77	5 443	14.01	39.24
黑龙江	358.62	2 832	183.26	1 167	175.36	1 666	95.69	142.75
上　海	9 396.59	10 051	10 028.05	9 833	-631.45	219	-6.30	2.22
江　苏	35 182.62	51 366	33 635.55	53 987	1 547.07	-2 621	4.60	-4.86
浙　江	202 305.71	459 024	195 539.16	431 496	6 766.55	27 529	3.46	6.38
安　徽	6 060.71	10 274	4 967.87	6 090	1 092.85	4 184	22.00	68.71
福　建	491 054.84	730 504	456 117.64	688 689	34 937.21	41 815	7.66	6.07
江　西	34 661.14	10 212	32 888.68	9 803	1 772.46	409	5.39	4.17
山　东	471 069.84	1 111 764	488 987.84	1 146 165	-17 918.00	-34 401	-3.66	-3.00
河　南	825.34	677	919.44	996	-94.10	-319	-10.24	-32.05
湖　北	32 278.12	28 647	25 688.17	23 984	6 589.95	4 663	25.65	19.44
湖　南	2 647.55	4 039	2 081.63	3 261	565.92	778	27.19	23.87
广　东	333 012.27	504 081	273 608.20	439 171	59 404.06	64 909	21.71	14.78
广　西	50 365.13	105 689	39 210.59	103 939	11 154.54	1 750	28.45	1.68
海　南	52 219.31	126 182	52 119.58	138 603	99.73	-12 421	0.19	-8.96
重　庆	0.17	1			0.17	1		
四　川	1 028.33	606	714.94	357	313.40	249	43.84	69.75
贵　州								
云　南	2 424.27	8 428	1 312.42	4 503	1 111.86	3 925	84.72	87.18
陕　西	30.40	25	2.89	5	27.51	20	950.44	412.26
甘　肃								
青　海	370.79	632	102.07	165	268.72	467	263.26	283.03
宁　夏	0.05				0.05			
新　疆	124.76	299	256.66	713	-131.89	-415	-51.39	-58.11

各地区水产品进口贸易情况

单位:万美元,吨

地区	2013 年进口		2012 年进口		2013 年比 2012 年增减(±)			
					绝对量		幅度(%)	
	金额	数量	金额	数量	金额	数量	金额	数量
全国总计	**863 795.02**	**4 170 305**	**799 827.87**	**4 123 756**	**63 967.15**	**46549**	**8.00**	**1.13**
北京	28 719.22	96 168	38 237.71	157 852	-9 518.49	-61684	-24.89	-39.08
天津	25 572.51	107 813	16 504.15	86 160	9 068.36	21653	54.95	25.13
河北	4 054.81	10 943	2 797.82	6 227	1 256.99	4716	44.93	75.74
山西	24.64	103	1.08		23.55	103	2 175.75	41 020.00
内蒙古	69.93	200	36.64	152	33.28	47	90.83	31.16
辽宁	152 376.57	979 547	139 269.17	882 673	13 107.40	96874	9.41	10.98
吉林	12 421.99	76 916	12 014.88	81 378	407.11	-4461	3.39	-5.48
黑龙江	503.94	2 629	1 472.16	8 292	-968.21	-5663	-65.77	-68.29
上海	101 084.55	203 283	82 442.50	182 634	18 642.05	20649	22.61	11.31
江苏	11 378.26	46 975	12 441.86	50 682	-1 063.59	-3707	-8.55	-7.31
浙江	34 119.43	148 604	32 939.35	169 851	1 180.08	-21247	3.58	-12.51
安徽	2 259.55	13 412	3 157.93	25 019	-898.38	-11608	-28.45	-46.39
福建	72 365.18	457 072	63 567.34	426 975	8 797.84	30097	13.84	7.05
江西	2 011.33	11 132	925.49	6 685	1 085.85	4447	117.33	66.52
山东	266 007.06	1 420 260	262 158.57	1 371 788	3 848.49	48472	1.47	3.53
河南	872.12	3 896	492.15	1 360	379.96	2536	77.20	186.44
湖北	1 004.35	5 281	766.31	5 526	238.04	-245	31.06	-4.43
湖南	51.32	349	562.57	3 961	-511.25	-3612	-90.88	-91.18
广东	125 505.81	481 172	108 717.54	545 294	16 788.28	-64122	15.44	-11.76
广西	1 528.11	9 210	1 496.25	10 182	31.86	-971	2.13	-9.54
海南	3 966.93	6 124	4 913.17	7 945	-946.24	-1821	-19.26	-22.92
重庆	4 440.56	22 575	3 134.67	16 113	1 305.89	6461	41.66	40.10
四川	1 783.92	7 444	3 494.75	20 816	-1 710.83	-13372	-48.95	-64.24
贵州	1.27				1.27			
云南	11 258.86	57 957	7 527.15	52 896	3 731.71	5061	49.58	9.57
陕西	190.09	513	624.32	2 572	-434.23	-2059	-69.55	-80.05
甘肃								
青海			5.83	7	-5.83	-7	-100.00	-100.00
宁夏	9.50	38	26.37	155	-16.87	-117	-63.99	-75.47
新疆	213.22	689	100.16	561	113.07	128	112.89	22.78

第五部分

渔政管理

各地区渔政管理机构情况(按机构性质分)

单位:个

地区	渔业执法机构个数	其中				
		行政单位	参照公务员管理单位	依照公务员制度管理单位	事业单位	其他性质单位
全国总计	**2 949**	**500**	**559**	**201**	**1 684**	**5**
部直属	1		1			
北京	15	4	1	1	9	
天津	15	3	5	6	1	
河北	131	28	10	6	87	
山西	86	45			41	
内蒙古	108	6	35	5	62	
辽宁	130	9	25	8	88	
吉林	65	1	6	2	51	5
黑龙江	105	22	24	31	28	
上海	11		8	2	1	
江苏	124	5	16	16	87	
浙江	122	5	35	25	57	
安徽	131	27	9	5	90	
福建	91	1	63	2	25	
江西	124	8	25	3	88	
山东	199	38	33	4	124	
河南	173	72	3	4	94	
湖北	119	8	19	7	85	
湖南	132	3	26	37	66	
广东	110	86	10	6	8	
广西	101	1	80		20	
海南	29	1	3	2	23	
重庆	41	2	23	2	14	
四川	208	26	25	5	152	
贵州	99	11	6	1	81	
云南	152	17	10	6	119	
西藏	10	8			2	
陕西	103	12	12	3	76	
甘肃	87	15	10	6	56	
青海	28	4	6	6	12	
宁夏	21	20			1	
新疆	65	1	29		35	
大连	38	1	3		34	
青岛	14		2		12	
宁波	12		1	1	10	
厦门	6	1	4		1	
深圳	6	6				
新疆兵团	13	11	1		1	

各地区渔政管理机构情况（按执法业务类型分）

单位：个

地区	渔政	渔监	船检	渔政渔监船检综合执法	渔政与农业执法单位合署	渔政与水产研究或推广单位合署	渔政与渔业生产单位合署
全国总计	**1 671**	**83**	**39**	**584**	**110**	**415**	**47**
部直属			1				
北京	15						
天津				15			
河北	68	8	2	20	13	19	1
山西	76	1		3		6	
内蒙古	48	1	1	15	8	34	1
辽宁	63	19	13	7		27	1
吉林	11			41		13	
黑龙江	95		1	6		3	
上海	3	1			7		
江苏	52	6	1	57	1	6	1
浙江	55		14	39	6	7	1
安徽	60	5	2	44	2	16	2
福建	53	1		23	4	10	
江西	56	1		15	20	30	2
山东	133	25		26	2	13	
河南	145	3		7		17	1
湖北	34			80	4	1	
湖南	115			5		8	4
广东	44			63	1	1	1
广西	42	4		33		18	4
海南	17	6		6			
重庆	6			23	8	4	
四川	143	2	2	29	8	22	2
贵州	58			11	1	28	1
云南	54			9	10	60	19
西藏	10						
陕西	45		1	2	3	47	5
甘肃	62				4	21	
青海	16			4	7		1
宁夏	20					1	
新疆	60		1	1	1	2	
大连	11	11	8	6		2	
青岛	7	4		3			
宁波	3		1	6	2		
厦门	3	1			2		
深圳	2			4			
新疆兵团	12					1	

各地区渔政管理人员情况

单位:个

地 区	现有人数合计	按教育水平分				持渔业行政执法证人数
		大学本科以上	大学本科	大学专科	大学专科以下	
全国总计	**35 139**	**493**	**9 580**	**15 540**	**9 526**	**25 712**
部直属	33	6	24	3		
北京	159	6	94	43	16	148
天津	198	2	99	62	35	130
河北	1 197	10	316	531	340	991
山西	472	3	108	215	146	281
内蒙古	1 217	9	332	572	304	810
辽宁	2 224	38	613	1 124	449	1 911
吉林	713	8	227	317	161	630
黑龙江	1 072	13	360	505	194	699
上海	544	31	316	190	7	272
江苏	2 237	55	634	915	633	1 748
浙江	2 202	41	764	934	463	1 774
安徽	1 339	12	283	678	366	911
福建	1 357	14	499	397	447	891
江西	1 095	21	242	438	394	854
山东	3 054	52	1 042	1 192	768	2 461
河南	1 735	12	310	865	548	1 133
湖北	1 906	18	295	1 103	490	1 436
湖南	1 222	12	223	675	312	953
广东	2 381	52	678	834	817	1 747
广西	898	1	191	424	282	737
海南	775	8	154	322	291	515
重庆	397	12	143	186	56	342
四川	1 628	12	378	816	422	1 324
贵州	526	4	144	297	81	372
云南	1 246	8	279	581	378	607
西藏	29	1	13	10	5	19
陕西	1 654	5	248	585	816	979
甘肃	740	17	246	320	157	362
青海	248	3	72	120	53	225
宁夏	109	3	66	34	6	108
新疆	505	4	167	245	89	321
大连	614	7	195	363	49	557
青岛	288	7	145	75	61	215
宁波	227	6	97	69	55	130
厦门	149	6	65	33	45	80
深圳	167	16	69	37	45	102
新疆兵团	27		20	7		21

第六部分

科技与推广

6－1 科技

全国渔业科技基本情况

一、渔业科研机构个数	**113**	其他	45 258
二、渔业科研机构从业人员(人)	**7 413**	非政府资金小计	142 843
1. 科技活动人员	5 417	技术性收入	137 321
按职称分:高级职称	1 567	(2) 生产经营收入	308 606
中级职称	1 805	(3) 其他收入	165 358
初级职称及其他	2 045	**四、科研机构固定资产情况**(千元)	
按学位分:研究生	1 709	年末固定资产合计	2 913 846
大学	2 021	**五、科技著述和专利申请情况**	
大专	936	发表科技论文(篇)	2 682
其他	751	国外发表	336
2. 生产经营活动人员	806	出版科技著作(种)	71
3. 其他人员	1 190	专利受理数(件)	714
三、本年度收入(千元)	**2 450 717**	专利授权(件)	461
(1) 科技活动收入	1 976 753	发明专利	254
政府资金	1 833 910	国外授权	2
财政拨款	1 219 252	拥有发明专利总数(件)	530
承担政府项目	569 400		

6－2 技术推广

各地区水产技术推广机构情况

单位：个

地区	数量	其中		地(市)级站		县(市)级站		区域站		乡(镇)站	
		水产站	综合站	水产站	综合站	水产站	综合站	水产站	综合站	水产站	综合站
全国总计	**14 728**	**3 564**	**11 164**	**292**	**46**	**1 640**	**520**	**140**	**464**	**1 459**	**10 132**
北京	31	11	20	8	3	2					17
天津	90	16	74			12		3	5		69
河北	249	101	148	11		72	65	11	58	6	25
山西	102	53	49	10		33	7			9	42
辽宁	407	139	268	13		49	18	10	4	66	246
吉林	590	49	541	9		39	10				531
内蒙	105	81	24	10	2	48	22			22	
黑龙江	314	78	236	11		66					236
上海	70	17	53	8	1					8	52
江苏	913	116	797	13		75	11	7		20	786
浙江	494	75	419	10		55	13	6	14	3	392
安徽	623	163	460	12	3	66	25	10	16	74	416
福建	824	187	637	7	2	73	3			106	632
江西	1 180	107	1 073	10	1	87	12	9			1 060
山东	1 236	480	756	15	1	114	17			350	738
河南	259	114	145	17	1	89	29	1	8	6	107
湖北	849	378	471	15		76		19		267	471
湖南	1 447	228	1 219	13	2	91	56	7	10	117	1 150
广东	1 073	229	844	18	2	81	22	11	13	118	807
广西	795	83	712	13	1	67	33	1	2	1	676
海南	47	23	24	2		13	3			7	21
重庆	292	25	267			24	14				253
四川	1 687	332	1 355	11	8	94	39	11	334	215	974
贵州	289	73	216	8	1	61	29			3	186
云南	272	147	125	12	4	92	30	32		10	91
西藏											
陕西	94	79	15	10		68	15				
甘肃	79	54	25	8	5	44	17			1	3
青海	13	6	7	1		4	7				
宁夏	32	7	25	2	3	4	11				11
新疆	38	27	11	8	2	16	8	2		1	
大连	59	43	16			6	1			36	15
青岛	61	12	49			8	1			3	48
宁波	94	17	77			6				10	77
厦门	4	2	2		1	2	1				
深圳	4	3	1			2	1				
新疆兵团	12	9	3	7	3	1					

各地区水产技术推广人员情况(一)

单位:人

地　　区	编制人数						实有人数					
	数量	省级站	地级站	县级站	区域站	乡站	数量	省级站	地级站	县级站	区域站	乡级站
全国总计	**43 399**	**1 437**	**4 072**	**15 220**	**1 661**	**21 009**	**42 025**	**1 296**	**3 865**	**15 064**	**1 458**	**20 342**
北　　京	203	76	97	13		17	208	72	107	12		17
天　　津	375	25		170	30	150	357	23		166	19	149
河　　北	1 071	37	167	656	170	41	929	37	165	595	106	26
山　　西	425	16	118	225		66	378	11	100	207		60
辽　　宁	1 155	35	195	332	40	553	1 140	34	166	330	37	573
吉　　林	3 033	34	90	306		2 603	3 049	32	87	345		2 585
内　　蒙	1 115	61	289	738		27	1 093	69	278	720		26
黑 龙 江	1 172	26	96	611		439	984	24	78	557		325
上　　海	570	235	173			162	453	155	159			139
江　　苏	2 920	52	161	618	30	2 059	2 763	47	151	651	24	1 890
浙　　江	1 117	34	88	367	45	583	1 086	60	84	320	37	585
安　　徽	1 487	15	129	549	101	693	1 276	14	107	551	88	516
福　　建	1 598	25	158	436		979	1 206	22	143	377		664
江　　西	2 175	20	77	660	41	1 377	2 047	19	77	621	24	1 306
山　　东	3 404	22	219	1 202		1 961	3 521	20	257	1 193		2 051
河　　南	1 246	38	197	846	12	153	1 439	35	241	1 012	15	136
湖　　北	2 320	25	210	683	74	1 328	2 740	43	225	813	77	1 582
湖　　南	2 838	20	159	803	44	1 812	3 104	16	148	775	44	2 121
广　　东	2 492	65	221	593	86	1 527	2 302	60	213	578	64	1 387
广　　西	2 148	18	109	503	18	1 500	1 981	18	101	482	12	1 368
海　　南	144	22	16	58		48	117	29	18	45		25
重　　庆	623	38		290		295	614	37		252		325
四　　川	3 897	10	202	951	895	1 839	3 630	9	155	870	851	1 745
贵　　州	835	12	90	498		235	637	10	47	387		193
云　　南	1 288	23	191	859	71	144	1 166	19	176	766	59	146
西　　藏												
陕　　西	1 573	109	180	1 284			1 757	72	181	1 504		
甘　　肃	636	120	155	354		7	616	94	156	359		7
青　　海	104	20		84			120	20		100		
宁　　夏	241	35	43	152		11	235	34	39	151		11
新　　疆	312	76	112	119	4	1	254	72	89	91	1	1
大　　连	252	35		64		153	252	32		67		153
青　　岛	259		21	98		140	236		20	77		139
宁　　波	219	48		65		106	194	47		56		91
厦　　门	46		39	7			42		36	6		
深　　圳	57		35	22			60		36	24		
新疆兵团	49	10	35	4			39	10	25	4		

各地区水产技术推广人员情况(二)

单位:人

地区	技术人员						技术职称			文化程度		
	数量	省级站	地级站	县级站	区域站	乡级站	高级	中级	初级	大本及以上	大专	中专
全国总计	**30 878**	**921**	**2 838**	**10 831**	**1 149**	**15 139**	**2 775**	**10 811**	**15 304**	**8 899**	**14 520**	**10 434**
北京	133	52	55	9		17	21	39	44	105	38	15
天津	285	20		114	14	137	62	89	74	146	76	81
河北	723	28	127	487	56	25	117	305	283	310	312	167
山西	292	9	64	173		46	21	89	151	94	139	90
辽宁	928	27	134	259	26	482	98	337	450	282	464	182
吉林	2 008	20	58	269		1 661	170	616	1 222	219	740	629
内蒙	729	47	235	422		25	87	181	238	195	362	224
黑龙江	881	20	69	479		313	209	368	259	366	466	152
上海	342	113	128			101	54	96	184	186	93	63
江苏	2 262	40	117	576	24	1 505	275	874	1 041	573	1 038	655
浙江	901	50	73	282	31	465	125	397	340	491	332	164
安徽	1 069	13	73	438	86	459	97	467	478	253	616	294
福建	1 052	19	123	336		574	166	346	466	363	405	341
江西	1 506	19	49	459	17	962	74	481	821	295	670	600
山东	2 751	17	136	918		1 680	205	948	1 521	943	1 351	797
河南	907	23	161	626	11	86	90	333	430	311	475	352
湖北	1 495	33	196	473	31	762	46	342	820	193	531	1 066
湖南	2 168	15	86	599	15	1 453	66	598	1 410	309	856	1 352
广东	1 520	35	159	388	56	882	89	299	857	514	718	595
广西	1 623	15	85	381	12	1 130	48	619	866	383	994	433
海南	76	21	16	32		7	9	24	34	38	35	20
重庆	502	21		244		237	47	192	180	142	213	183
四川	3 065	8	115	686	717	1 539	158	1 202	1 574	624	1 674	1 018
贵州	567	5	38	331		193	27	263	266	113	262	191
云南	946	17	135	612	50	132	117	450	367	320	508	167
西藏												
陕西	722	36	116	570			72	266	348	232	493	319
甘肃	374	28	101	238		7	52	154	168	188	227	84
青海	66	11		55			8	26	29	35	53	15
宁夏	208	25	37	135		11	41	94	70	139	69	24
新疆	164	59	57	45	3		23	63	64	110	64	34
大连	163	26		61		76	16	69	76	115	95	40
青岛	174	0	20	60		94	15	69	83	121	81	29
宁波	170	40		52		78	44	65	60	107	34	39
厦门	39		33	6			13	21	5	22	11	9
深圳	31		19	12			5	12	14	37	16	8
新疆兵团	36	9	23	4			8	17	11	25	9	2

各地区水产技术推广机构性质(一)

单位:个

地　　区	行政单位						全额					
	小计	省级站	地级站	县级站	区域站	乡级站	小计	省级站	地级站	县级站	区域站	乡级站
全国总计	**172**	**2**	**6**	**54**		**110**	**11 845**	**29**	**307**	**1 913**	**517**	**9 079**
北　　京							31	1	11	2		17
天　　津	1			1			24	1		11	3	9
河　　北	6			6			199	1	10	113	53	22
山　　西							87	1	8	35		43
辽　　宁	18					18	251	1	12	65	14	159
吉　　林							548	1	8	48		491
内　　蒙							73	1	11	60		1
黑 龙 江							314	1	11	66		236
上　　海							55	1	9			45
江　　苏	10			3		7	729	1	13	73	7	635
浙　　江	11			1		10	431	1	10	64	19	337
安　　徽	11			6		5	583	1	15	80	26	461
福　　建	6	1				5	815		9	75		731
江　　西							795	1	11	99	7	677
山　　东	12			5		7	1 124	1	15	117		991
河　　南	10			10			195	1	16	80	2	96
湖　　北							357		8	28	13	308
湖　　南	48			9		39	735	1	12	127	8	587
广　　东	15		1	3		11	807	1	16	81	24	685
广　　西	1			1			794	1	14	99	3	677
海　　南	9			3		6	33		2	10		21
重　　庆	3			3			288	1		34		253
四　　川	6	1	3	2			1 595		16	131	305	1 143
贵　　州							289	1	9	90		189
云　　南	2		1	1			268	1	15	119	32	101
西　　藏												
陕　　西							91	1	10	80		
甘　　肃							76	1	11	61		3
青　　海	1		1				12	1		11		
宁　　夏							32	1	5	15		11
新　　疆							26	1	8	15	1	1
大　　连							59	1		7		51
青　　岛							41		1	7		33
宁　　波	2					2	72	1		6		65
厦　　门							4		1	3		
深　　圳							2		1	1		
新疆兵团							10	1	9			

各地区水产技术推广机构性质(二)

单位:个

地区	差额						自收自支					
	小计	省级站	地级站	县级站	区域站	乡级站	小计	省级站	地级站	县级站	区域站	乡级站
全国总计	**1 813**	**1**	**18**	**128**	**57**	**1 609**	**898**	**1**	**10**	**64**	**30**	**793**
北京												
天津	8					8	57				5	52
河北	25		1	15	3	6	19			3	13	3
山西	12		1	3		8	3		1	2		
辽宁	25			2		23	113		1			112
吉林	41			1		40	1		1			
内蒙	31		1	9		21	1			1		
黑龙江	–											
上海	13					13	2					2
江苏	139			6		133	35			4		31
浙江	49				1	48	3			3		
安徽	18			2		16	11			3		8
福建	3			1		2						
江西	383					383	2				2	
山东	51		1	7		43	49			2		47
河南	25		1	16	7	1	29		1	12		16
湖北	431	1	6	35	6	383	61		1	13		47
湖南	290		3	9	9	269	374			2		372
广东	172		1	12		159	79		2	7		70
广西												
海南	3			2		1	2	1		1		
重庆							1			1		
四川	62				30	32	24				10	14
贵州												
云南							2			2		
西藏												
陕西	3			3								
甘肃	2		2				1					1
青海												
宁夏												
新疆	4		1	2	1		8		2	6		
大连												
青岛	2			2			18					18
宁波	20					20						
厦门												
深圳	1			1			1			1		
新疆兵团							2		1	1		

各地区水产技术推广机构经费情况(一)

单位:万元

地　　区	总　计	人　员　经　费					
		小计	省级站	地级站	县级站	区域站	乡级站
全国总计	**180 188.35**	**136 593.00**	**9 487.12**	**21 475.87**	**49 715.24**	**5 019.50**	**50 895.27**
北　京	2 316.17	1 858.71	895.17	797.54	84.00		82.00
天　津	1 796.76	1 503.33	184.18		1 024.65	60.00	234.50
河　北	3 584.15	2 907.11	216.59	858.25	1 538.44	237.50	56.33
山　西	952.07	478.45	83.25	204.50	162.30		28.40
辽　宁	4 445.08	3 410.77	326.40	878.29	917.46	117.20	1 171.42
吉　林	6 125.00	5 748.00	351.00	463.00	994.00		3 940.00
内　蒙	5 274.20	3 770.70	231.80	1 580.00	1 863.70		95.20
黑龙江	3 300.33	2 554.58	188.48	428.40	942.50		995.20
上　海	6 766.29	3 894.29	1 384.00	1 865.49			644.80
江　苏	16 748.95	13 165.62	329.00	1 449.28	3 706.55	68.50	7 612.29
浙　江	12 505.24	7 079.15	237.48	888.70	2 583.57	80.60	3 288.80
安　徽	4 464.80	3 601.00	99.00	464.10	1 616.40	136.70	1 284.80
福　建	8 423.26	5 578.85	206.00	1 267.19	1 790.91		2 314.75
江　西	4 801.33	4 214.26	151.72	285.76	1 563.82	54.80	2 158.16
山　东	13 324.40	11 552.80	219.40	1 333.80	4 304.90		5 694.70
河　南	3 646.90	2 747.10	174.20	700.60	1 626.00	7.70	238.60
湖　北	6 950.00	5 235.00	98.00	440.00	1 260.00	66.00	3 371.00
湖　南	5 074.21	4 300.14	109.60	480.24	1 753.30	70.50	1 886.50
广　东	9 984.00	6 904.00	907.00	1 381.00	1 859.00	119.00	2 638.00
广　西	6 771.00	5 957.00	113.00	518.00	1 387.00	42.00	3 897.00
海　南	1 150.27	473.87	190.00	92.80	128.40		62.67
重　庆	3 949.46	2 143.40	452.93		1 113.37		577.10
四　川	16 331.00	14 824.00	50.00	754.00	3 637.00	3 728.00	6 655.00
贵　州	1 859.10	1 436.20	35.30	234.00	1 157.70		9.20
云　南	5 663.82	4 550.98	98.69	752.26	3 081.85	219.00	399.18
西　藏							
陕　西	8 156.00	7 606.00	438.00	889.00	6 279.00		
甘　肃	2 546.28	1 951.18	207.38	749.26	970.54		24.00
青　海	1 774.88	250.68	120.68	2.00	128.00		
宁　夏	1 457.16	1 042.79	271.80	229.50	504.82		36.67
新　疆	1 856.87	1 181.56	646.41	334.45	186.70	12.00	2.00
大　连	2 062.54	1 247.00	293.00		348.00		606.00
青　岛	1 535.00	1 072.00		110.00	502.00		460.00
宁　波	2 144.95	1 072.50	103.50		538.00		431.00
厦　门	750.36	538.36		480.00	58.36		
深　圳	1 363.00	475.00		402.00	73.00		
新疆兵团	333.52	266.62	74.16	162.46	30.00		

各地区水产技术推广机构经费情况(二)

单位:万元

地　区	业务经费					
	小计	省级站	地级站	县级站	区域站	乡级站
全国总计	**43 474.35**	**14 001.21**	**9 972.84**	**12 637.35**	**379.80**	**6 483.15**
北　京	457.46	205.57	245.48	6.41		
天　津	293.43	25.17		185.26	20.00	63.00
河　北	677.04	320.86	210.00	85.38	36.80	24.00
山　西	473.62	170.32	132.00	171.30		
辽　宁	1 034.31	86.50	567.41	292.40	8.00	80.00
吉　林	377.00	187.00	92.00	36.00		62.00
内　蒙	1 503.50	506.00	592.00	384.00		21.50
黑龙江	745.75	303.55	282.10	160.10		
上　海	2 851.00	1 761.00	945.00			145.00
江　苏	3 583.33	404.60	666.20	850.15		1 662.38
浙　江	5 426.09	2 987.25	514.78	1 318.26	25.00	580.80
安　徽	863.80	146.70	275.00	310.00	7.40	124.70
福　建	2 844.41	524.00	977.11	1 187.10		156.20
江　西	587.07	70.00	121.80	227.57	1.50	166.20
山　东	1 771.60	164.40	115.80	979.40		512.00
河　南	899.80	170.00	167.20	557.60		5.00
湖　北	1 715.00		215.00	427.00	43.00	1 030.00
湖　南	774.07	121.47	144.56	265.94	1.10	241.00
广　东	3 080.00	1 188.00	865.00	588.00	5.00	434.00
广　西	814.00	24.00	327.00	260.00		203.00
海　南	576.40	420.00	106.00	50.40		
重　庆	1 806.06	880.25		829.61		96.20
四　川	1 507.00	180.00	239.00	504.00	226.00	358.00
贵　州	422.90		110.60	304.70		7.60
云　南	1 112.84	84.00	435.42	570.50	3.00	19.92
西　藏						
陕　西	550.00	92.00	188.00	270.00		
甘　肃	595.10	53.00	320.70	217.90		3.50
青　海	1 524.20	1 512.20		12.00		
宁　夏	414.37	278.85	30.00	103.37		2.15
新　疆	675.31	465.53	70.78	136.00	3.00	
大　连	815.54	54.54		363.00		398.00
青　岛	463.00		100.00	343.00		20.00
宁　波	1 072.45	594.45		411.00		67.00
厦　门	212.00		200.00	12.00		
深　圳	888.00		700.00	188.00		
新疆兵团	66.90	20.00	16.90	30.00		

各地区水产技术推广机构示范基地情况(一)

单位:个

地区	数量(个)						养殖面积(公顷)		
	小计	省级站	地级站	县级站	区域站	乡级站	小计	省级站	地级站
全国总计	**3 843**	**50**	**232**	**1 656**	**135**	**1 770**	**197 422**	**9 680**	**9 014**
北京	18	2	6	10			67	20	20
天津	8			7		1	116		
河北	23	2	2	17	2		6 423	7	27
山西	19		3	16			439		25
辽宁	66		15	36		15	5 548		560
吉林	62		3	47		12	2 365		11
内蒙	76	2	25	39		10	9 860	320	1 432
黑龙江	7	1	4	2			74	11	17
上海	25	3	10			12	517	38	183
江苏	352	2	17	56	8	269	25 234	40	320
浙江	89	2	3	48	3	33	1 189	33	39
安徽	161	1	5	88	3	64	9 927	15	142
福建	108	2	6	90		10	1 768		15
江西	250	1	17	104	5	123	12 676	8	2 595
山东	160		5	89		66	26 121		465
河南	115	1	12	92		10	4 523	20	507
湖北	299		10	76		213	3 496		96
湖南	584	3	8	160	5	408	37 899	8 234	1 141
广东	268	2	16	65		185	3 141	41	401
广西	50	1	4	42	2	1	2 026	13	43
海南	20	3	12	5			297	15	215
重庆	183	1		82		100	4 290	6	
四川	589	4	10	252	106	217	13 281	110	128
贵州	54		3	51			1 562		50
云南	67	1	6	45		15	162	6	17
西藏									
陕西	61	3	4	54			2 106	50	128
甘肃	48	5	7	36			1 163	516	18
青海	5	5					4	4	
宁夏	7	1		6			457	17	
新疆	23	1	8	13	1		1 159	133	125
大连	10			9		1	18 355		
青岛	3			3			10		
宁波	15			10		5	277		
厦门	1		1						
深圳	7		3	4			490		250
新疆兵团	10	1	7	2			400	24	44

各地区水产技术推广机构示范基地情况(二)

单位:个

地 区	养殖面积(公顷)			育苗水体(立方米)					
	县级站	区域站	乡级站	小计	省级站	地级站	县级站	区域站	乡级站
全国总计	**109 956**	**6 500**	**62 271**	**15 229 423**	**187 295**	**767 726**	**11 888 909**	**114 406**	**2 271 087**
北 京	27			20 420	3 600	16 820			
天 津	104		12	9 500			8 000		1 500
河 北	3 389	3 000		11 220	1 530		9 590	100	
山 西	414			901		900	1		
辽 宁	4 606		382	126 320		89 820	36 500		
吉 林	2 004		350	152 568		2 925	145 043		4 600
内 蒙	7 435		673	50 890	600	43 175	7 115		
黑 龙 江	46			14 900	600	2 300	12 000		
上 海			296	41 584	10 000	10 984			20 600
江 苏	5 622	78	19 174	1 729 748	2 000	6 625	557 801		1 163 322
浙 江	982	32	104	643 348		2 200	641 132	6	10
安 徽	4 795	1 850	3 125	1 043 772	1 000	500	892 272		150 000
福 建	1 723		30	151 156	9 120	16 940	125 096		
江 西	7 174	15	2 884	267 040	2 500	3 000	222 751	11 000	27 789
山 东	12 326		13 330	1 039 956		13 000	989 060		37 896
河 南	3 743		252	466 839	1 500	26 126	439 213		
湖 北	804		2 596	614 520		12 300	154 320		447 900
湖 南	18 177	380	9 967	1 090 848		151 300	760 628		178 920
广 东	1 499		1 200	4 383 504	6 500	40 490	4 286 562		49 952
广 西	1 969	1		130 890		3 850	127 040		
海 南	67			9 657	57	9 600			
重 庆	2 733		1 551	508 954			348 954		160 000
四 川	5 924	1 144	5 975	1 554 209		61 701	1 371 110	102 300	19 098
贵 州	1 512			50 545		5 200	45 345		
云 南	129		9	107 610	12 006	4 000	91 604		
西 藏									
陕 西	1 928			314 469	1 320	7 377	305 772		
甘 肃	629			195 037	130 737	1 800	62 500		
青 海	0			184	184				
宁 夏	440			3 800			3 800		
新 疆	901	0	0	259 363	1 210	232 953	24 200	1 000	
大 连	18 195		160	211 000			208 000		3 000
青 岛	10			1 200			1 200		
宁 波	77		200	10 500			4 000		6 500
厦 门				540		540			
深 圳	240			8 800		800	8 000		
新疆兵团	333			3 631	2 831	500	300		

各地区水产技术推广机构项目实施情况(淡水部分)(一)

地　　区	推广规模及产量			
	池　塘		稻田养鱼	
	面积(公顷)	产量(吨)	面积(公顷)	产量(吨)
全国总计	**1 255 700**	**9 498 024**	**545 270**	**545 974**
北　　京	1 468	17 504		
天　　津	16 885	151 458	1 333	530
河　　北	220	4 304		
山　　西	1 378	19 455	266	140
辽　　宁	22 407	330 000	28 147	11 460
吉　　林	1 935	19 759	7 000	1 743
内　　蒙	12 904	44 879	2 186	536
黑 龙 江	58 136	142 061	35 913	3 637
上　　海	14 535	93 979	870	4 045
江　　苏	226 003	1 339 673	63 825	68 512
浙　　江	31 692	195 848	48 985	131 031
安　　徽	120 616	642 579	36 759	46 203
福　　建	18 605	292 854	3 775	2 408
江　　西	44 355	319 657	25 350	20 580
山　　东	64 516	557 846	220	223
河　　南	62 692	319 072	1 281	3 069
湖　　北	142 551	1 540 353	36 858	63 567
湖　　南	96 764	690 146	52 994	36 337
广　　东	83 318	921 290	1 654	808
广　　西	26 772	245 249	13 943	5 638
海　　南	2 548	22 022		
重　　庆	38 343	379 809	22 061	10 714
四　　川	40 437	299 345	91 504	99 289
贵　　州	405	1 302	3 698	1 432
云　　南	31 534	317 684	49 817	26 575
西　　藏				
陕　　西	8 276	66 883	269	252
甘　　肃	1 579	10 638	7	1
青　　海	318	408		
宁　　夏	14 477	90 020	12 008	1 460
新　　疆	35 212	41 397		
大　　连				
青　　岛	4 382	13 431		
宁　　波	8 853	44 571	772	3 375
厦　　门	2 259	23 722		
深　　圳	125	665		
新疆兵团	471	4 645		

各地区水产技术推广机构项目实施情况(淡水部分)(二)

地　区	推广规模及产量				受益农户(户)	指导面积(公顷)
	网　箱		大水面			
	规模(立方米)	产量(吨)	面积(公顷)	产量(吨)		
全国总计	**49 894 651**	**853 477**	**1 423 581**	**1 925 772**	**2 092 433**	**2 566 368**
北　京	2 510	115	13 802	4 497	9 052	12 555
天　津	10 000	20	10 300	48 894	5 080	51 379
河　北	610	1	5 327	3 065	11 001	38 869
山　西	39 472	903	2 610	3 598	556	2 394
辽　宁	1 660 950	63 703	52 066	40 697	24 758	51 411
吉　林			6 700	310	1 010	2 350
内　蒙	53 674	714	101 353	11 949	4 577	82 728
黑龙江	34 991	1 275	63 401	6 015	28 616	192 441
上　海			17 089	1 848	10 526	15 744
江　苏	5 467 168	36 061	48 641	156 351	231 110	324 136
浙　江	2 109 686	8 775	42 352	53 441	54 528	87 832
安　徽	11 672 309	55 039	220 597	240 234	143 170	242 119
福　建	289 698	6 589	13 889	72 703	32 414	36 313
江　西	1 066 600	20 950	111 340	114 840	66 500	32 800
山　东	3 444 596	60 567	69 295	141 531	49 657	120 835
河　南	2 563 912	29 781	98 011	109 395	95 149	184 186
湖　北	4 722 858	203 351	98 468	84 190	286 129	276 349
湖　南	3 681 132	84 820	108 344	194 981	163 398	168 485
广　东	168 217	5 111	21 180	43 738	81 485	134 030
广　西	6 712 125	91 399	41 073	203 578	144 659	71 053
海　南	29 360	1 037	2 725	22 510	7 197	6 630
重　庆	62 780	3 240	10 305	15 978	177 162	58 595
四　川	203 308	14 389	40 240	69 169	244 319	145 247
贵　州	174 517	2 302	58	71	5 375	2 808
云　南	3 514 256	125 490	80 528	101 328	155 287	102 313
西　藏						
陕　西	1 557 840	20 982	16 282	33 133	11 316	9 063
甘　肃	179 314	945	15 530	1 043	2 583	11 114
青　海	139 155	3 641	42 113	1 951	512	2 155
宁　夏			24 009	46 677	3 704	38 828
新　疆	4 500	225	16 330	7 181	583	10 224
大　连						
青　岛	1 440	60	4 212	3 079	1 470	5 197
宁　波			7 514	12 986	4 314	6 354
厦　门					2 500	800
深　圳	18 000	2 685			66	190
新疆兵团	1 975	33	4 009	2 111	190	2 338

各地区水产技术推广机构项目实施情况(海水部分)(一)

地区	推广规模及产量					
	海上				滩涂	
	网箱		其他		面积(公顷)	产量(吨)
	面积(公顷)	产量(吨)	面积(公顷)	产量(吨)		
全国总计	**14 494 343**	**254 532**	**384 779**	**2 741 747**	**310 004**	**4 835 554**
河北	55 650	304	113	192		
天津						
辽宁	29 520	328	153 300	268 972	21 618	3 094 828
上海				2 326		
江苏	10 200	27 243	28 274	47 368	60 287	212 284
浙江	686 428	7 717	6 672	69 986	14 462	192 721
福建	9 871 601	68 742	28 115	757 145	22 024	407 733
山东	580 052	65 050	107 646	916 272	142 831	469 204
广东	1 886 822	38 854	13 448	93 463	16 552	196 822
广西	8 800	74	3 750	23 400	153	251
海南	410 900	36 251	93	4 180	3 295	35 173
大连	64 000	247	34 462	312 510	1 800	17 890
青岛	418 000	1 970	5 884	167 489	6 868	95 933
宁波	456 770	6 741	2 847	76 909	20 114	112 715
厦门						
深圳	15 600	1 011	175	1 535		

各地区水产技术推广机构项目实施情况（海水部分）（二）

地　区	推广规模及产量				受益农户（户）	指导面积（公顷）
	陆基					
	工厂化		池塘			
	面积（公顷）	产量（吨）	面积（公顷）	产量（吨）		
全国总计	**10 802 864**	**116 629**	**167 159**	**1 570 101**	**163 284**	**596 573**
河　北			44	165	3	133
天　津	100 000	2 500	100	186	2 225	48 403
辽　宁	2 302 927	37 749	21 237	744 117	5 488	26 349
上　海					171	
江　苏	320 700	3 015	14 227	140 110	40 651	103 278
浙　江	687 478	2 689	13 124	125 559	9 518	20 457
福　建	807 456	6 168	26 105	202 098	29 553	57 392
山　东	5 237 829	53 670	55 468	111 220	34 441	173 825
广　东	187 914	1 483	14 665	123 053	13 781	48 315
广　西			723	6 645	834	4 214
海　南	59 000	526	557	5 816	1 874	1 413
大　连	10 100	356	8 502	27 406	4 986	87 332
青　岛	995 500	5 690	1 232	3 299	9 525	10 428
宁　波	73 940	223	11 173	80 427	10 224	14 888
厦　门						
深　圳	20 020	2 560			10	145

各地区水产技术推广机构培训、宣传情况

地区	渔民技术培训		自身再教育、培训（人次）		渔业公共信息服务				
	期数（期）	人数（人次）	业务培训	学历教育	网站（个）	手机信息用户（户）	电话热线（条）	期刊（期）	资料（份）
全国总计	**39 998**	**2 867 116**	**89 228**	**5 866**	**731**	**996 915**	**230 193**	**27 190**	**8 852 311**
北京	382	13 752	618	9	3	1 147	325	132	16 390
天津	150	9 847	321	140	6	4 649	909	1 740	31 410
河北	431	27 968	1 003	106	8	596	91	253	67 133
山西	60	2 683	328	20	19	244	370	40	50 444
辽宁	222	13 337	2 261	48	15	3 850	2 292	233	87 479
吉林	147	12 402	1 638	50	3	1 435	694	6	58 060
内蒙	164	10 531	995	187	8	415	111	328	30 088
黑龙江	188	6 071	882	27			4 790	2	26 500
上海	313	18 059	696	65	9	1 122	22	274	21 036
江苏	4 867	343 401	14 088	353	97	81 387	34 311	6 632	994 222
浙江	821	63 266	2 813	60	67	64 396	2 237	257	232 788
安徽	1 466	123 263	8 501	344	24	123 650	21 918	647	429 202
福建	581	32 500	1 705	499	21	78 763	326	261	199 232
江西	869	39 000	675	104	62	26 850	621	385	64 000
山东	2 182	195 733	10 641	473	97	27 696	33 290	1 497	499 161
河南	1 072	89 499	3 248	258	29	39 495	17 744	1 182	312 173
湖北	13 347	725 910	2 646	479	24	30 059	872	10 188	2 388 600
湖南	4 979	490 912	4 005	763	62	58 954	1 004	445	809 773
广东	1 056	91 425	2 692	429	51	118 621	1 815	895	369 845
广西	1 150	70 328	4 508	194	13	6 526	52 281	115	309 059
海南	218	22 825	1 321	5	2	3 040	7	38	65 420
重庆	557	49 410	1 388	59	13	99 160	2 648	151	273 689
四川	2 258	242 957	15 327	378	33	33 701	45 426	721	784 273
贵州	274	34 153	1 116	16	7	1 998	1 111	53	99 554
云南	1 160	80 924	1 476	372	18	163 438	3 041	104	200 706
西藏									
陕西	248	10 262	907	124	8	1 759	199	64	138 517
甘肃	158	6 123	991	109	4	699	34	131	31 888
青海	40	740	280	20	1	200	350		14 000
宁夏	283	15 214	489	69	8	3 669	31	64	68 127
新疆	46	2 217	210	14	3	427	219	121	18 834
大连	71	4 280	330	4	1	2 458	35	39	14 160
青岛	101	11 868	575	11	4	3 670	18	3	40 288
宁波	60	3 373	244	17	7	11 380	870	74	80 400
厦门	50	1 825	64	43	1	1 330	166	51	23 120
深圳	10	570	175	13	3		3	4	1 950
新疆兵团	17	488	71	4		131	12	60	790

第七部分

灾　　害

各地区渔业灾情造成的经济损失(一)

单位:万元

地 区	1. 水产品损失					
	小 计	台风、洪涝	病 害	干 旱	污 染	其 他
全国总计	**2 574 159.05**	**1 199 803.61**	**407 467.99**	**555 424.10**	**132 154.72**	**279 308.63**
北 京	118.50	3.50	115.00			
天 津	1 052.50		752.50			300.00
河 北	10 757.00	1 698.60	6 699.80	545.20	1 113.40	700.00
山 西	306.00	20.00	276.00	10.00		
内 蒙 古	3 853.00	2 315.00	76.00	1 067.00	108.00	287.00
辽 宁	96 923.50	49 899.50	27 599.00	37.00	18 502.00	886.00
吉 林	4 187.00	3 516.00	427.00	132.00	12.00	100.00
黑 龙 江	79 951.51	79 951.51				
上 海	3 829.60	1 477.00	1 679.60		673.00	
江 苏	115 680.00	11 630.00	34 612.00	54 572.00	9 522.00	5 344.00
浙 江	225 781.00	182 206.00	15 453.00	22 139.00	1 445.00	4 538.00
安 徽	139 751.67	13 800.58	8 779.34	103 786.57	8 297.41	5 087.77
福 建	100 797.00	66 892.00	9 224.00	238.00	23 493.00	950.00
江 西	173 014.87	40 375.00	20 663.40	87 721.27	4 710.00	19 545.20
山 东	346 679.50	87 945.50	17 518.00	2 947.00	46 119.00	192 150.00
河 南	59 156.00	229.00	3 481.00	52 149.00	609.00	2 688.00
湖 北	38 958.00	1 534.00	21 807.00	8 382.00	7 235.00	
湖 南	225 970.21	24 355.00	10 359.31	187 931.70	101.20	3 223.00
广 东	478 346.14	403 427.89	55 201.63	506.10	5 486.72	13 723.80
广 西	194 978.81	32 351.52	155 236.58	630.00	772.38	5 988.33
海 南	64 437.92	63 102.92	735.00			600.00
重 庆	17 121.75	12 963.79	1 840.14	1 726.42	371.70	219.70
四 川	51 460.61	29 781.78	4 253.30	2 578.48	312.60	14 534.45
贵 州	11 294.28	2 168.63	2 665.56	3 615.91	2 715.94	128.24
云 南	40 689.03	5 765.95	5 104.33	22 982.35	39.26	6 797.14
西 藏						
陕 西	84 254.48	81 776.18	1 044.80	90.10	15.40	1 328.00
甘 肃	802.50	276.60	360.30	68.00	73.60	24.00
青 海						
宁 夏	407.70		329.50			78.20
新 疆	3 598.97	340.16	1 174.90	1 569.00	427.11	87.80

各地区渔业灾情造成的经济损失(二)

单位:万元

地　区	2.(台风、洪涝)损毁渔业设施							
	小　计	池　塘	网箱(鱼排)	围　栏	沉　船	船　损	堤　坝	泵　站
全国总计	**1 423 229.24**	**621 618.25**	**558 634.52**	**11 146.16**	**12 132.10**	**29 523.36**	**30 879.42**	**1 078.80**
北　京	5.00	5.00						
天　津								
河　北	556.60	31.00	9.00		377.40	3.20	3.00	
山　西								
内蒙古	495.00	428.00	6.00				61.00	
辽　宁	5 449.80	1 922.00	200.00		5.00	169.00	16.00	
吉　林	238.40	209.00	0.40				29.00	
黑龙江	80 889.46	80 889.46						
上　海	52.00				10.00	32.00		
江　苏	4 345.00	1 151.00	226.00	269.00	187.00	31.00	84.00	
浙　江	44 828.00	15 546.00	11 563.00	666.00	2 701.00	2 036.00	1 127.00	6.00
安　徽	10 160.19	5 708.84	1 024.65	1 438.66		87.26	189.00	33.00
福　建	19 182.00	5 756.00	3 857.00	46.00	2 505.00	599.00	1 850.00	
江　西	27 143.50	11 144.40	6 089.00	63.50	14.00	831.00	4 627.80	114.30
山　东	47 053.20	39 847.00	5 429.00	54.00	9.00	126.00	359.00	26.00
河　南	150.00	129.00						
湖　北	43 571.00	27 591.00	2 321.00	3 941.00	24.00	298.00	2 901.00	313.00
湖　南	23 816.10	12 642.50	4 298.00	1 353.00	89.50	434.50	1 319.60	32.00
广　东	203 853.93	73 369.78	42 022.44	305.00	3 858.80	22 670.20	10 420.56	531.00
广　西	12 915.61	7 735.80	955.61	2 522.00		427.00	402.00	
海　南	38 574.70	10 476.70	11 524.00		2 162.00	1 709.00	12.00	
重　庆	4 608.82	4 051.62	85.00	35.00	93.00	16.20	86.00	
四　川	25 868.16	23 398.60	128.20		73.40	24.00	373.96	19.00
贵　州	750 330.57	282 170.35	468 160.22					
云　南	851.00	259.00	556.00				29.00	3.00
西　藏								
陕　西	75 427.20	16 823.20	180.00	430.00	23.00	30.00	4 489.50	1.50
甘　肃	2 863.00	333.00		22.00			2 500.00	
青　海								
宁　夏								
新　疆	1.00			1.00				

各地区渔业灾情造成的经济损失(三)

单位:万元

地 区	2.(台风、洪涝)损毁渔业设施(续)							直接经济损失合计
	涵 闸	码 头	护 岸	防波堤	工厂化养殖	苗种繁育场	其 他	
全国总计	**2 317.00**	**6 861.00**	**12 851.20**	**20 458.00**	**8 282.50**	**15 124.30**	**92 322.63**	**3 997 388.29**
北 京								123.50
天 津								1 052.50
河 北			15.00	75.00	43.00			11 313.60
山 西								306.00
内蒙古								4 348.00
辽 宁		900.00	120.00			1 933.30	184.50	102 373.30
吉 林								4 425.40
黑龙江								160 840.97
上 海						10.00		3 881.60
江 苏			12.00	69.00	1 168.00	119.00	1 029.00	120 025.00
浙 江	20.00	2 476.00	1 553.00	1 605.00	1 422.00	1 068.00	3 039.00	270 609.00
安 徽	63.00		70.00	90.00	50.00	112.00	1 293.78	149 911.86
福 建	40.00	769.00	448.00	1 278.00	200.00	560.00	1 274.00	119 979.00
江 西	439.00		1 104.00	166.00	179.50	208.00	2 163.00	200 158.37
山 东	80.00	68.00	234.20	9.00	290.00	522.00		393 732.70
河 南							21.00	59 306.00
湖 北	357.00	584.00	926.00	501.00		314.00	3 500.00	82 529.00
湖 南	6.00	50.00	105.00	7.00		880.00	2 599.00	249 786.31
广 东	1 294.00	1 329.00	3 442.00	14 826.00	4 700.00	7 309.80	17 775.35	682 200.07
广 西		685.00				144.20	44.00	207 894.42
海 南			4 750.00	659.00			7 282.00	103 012.62
重 庆						60.00	182.00	21 730.57
四 川	17.00		64.00	50.00	100.00	1 284.00	336.00	77 328.77
贵 州								761 624.85
云 南	1.00		3.00					41 540.03
西 藏								
陕 西				1 120.00	130.00	600.00	51 600.00	159 681.68
甘 肃			5.00	3.00				3 665.50
青 海								
宁 夏								407.70
新 疆								3 599.97

各地区渔业灾情造成的数量损失(一)

地　　区	1. 受灾养殖面积(公顷)						2. 水产品损失(吨)		
	小　计	台风、洪涝	病　害	干　旱	污　染	其　他	小　计	台风、洪涝	病　害
全国总计	**1 079 715**	**335 604**	**151 639**	**482 688**	**29 607**	**80 177**	**1 622 581**	**758 809**	**251 617**
北　　京	287	1	286				105	5	100
天　　津	482		356			126	926		370
河　　北	6 252	88	5 743	243	101	77	12 561	959	9 914
山　　西							301	20	276
内 蒙 古	4 364	1 755	105	2 036	261	207	2 446	1 447	46
辽　　宁	18 730	11 787	2 723	25	4 133	62	74 985	16 303	27 872
吉　　林	27 585	16 709	10 320	556			3 600	3 034	338
黑 龙 江	40 001	40 001					94 060	94 060	
上　　海	1 389	406	869		114		2 542	970	1 130
江　　苏	74 128	6 857	27 870	30 398	2 392	6 611	66 064	6 142	24 857
浙　　江	74 742	52 351	5 270	13 944	718	2 459	92 414	76 013	5 698
安　　徽	190 807	27 244	8 742	128 352	3 710	22 759	111 548	10 864	8 102
福　　建	21 964	15 798	2 344	65	2 746	1 011	64 590	38 290	5 080
江　　西	112 638	22 555	25 563	60 529	1 831	2 160	155 334	42 889	19 022
山　　东	47 226	12 404	4 171	2 500	6 898	21 253	109 652	33 989	33 122
河　　南	44 120	23	2 623	40 028	1 159	287	52 370	184	3 490
湖　　北	20 851	3 571	7 246	7 584	2 450		31 997	446	21 057
湖　　南	212 537	20 662	17 882	170 206	54	3 733	192 641	20 751	10 618
广　　东	97 112	67 627	14 574	331	1 094	13 486	389 377	332 108	38 225
广　　西	22 915	11 907	5 435	495	943	4 135	74 431	35 979	30 970
海　　南	3 115	2 946	155			14	12 897	12 439	314
重　　庆	10 084	6 186	1 881	1 924	46	47	11 338	8 238	1 277
四　　川	16 803	11 297	2 723	2 032	91	660	24 583	16 605	2 934
贵　　州	6 980	383	308	6 055	18	216	4 932	947	1 164
云　　南	16 483	1 336	1 446	13 015	40	646	31 046	4 646	3 887
西　　藏									
陕　　西	2 449	1 539	709	58	30	113	1 980	1 119	287
甘　　肃	448	64	176	75	123	10	503	142	221
青　　海									
宁　　夏	1 189		1 134			55	426		352
新　　疆	4 034	107	985	2 237	655	50	2 932	220	894

各地区渔业灾情造成的数量损失(二)

地　区	2. 水产品损失(吨)(续)			3.(台风、洪涝)损毁渔业设施					
	干　旱	污　染	其　他	池塘(公顷)	网箱(鱼排)(箱)	围栏(千米)	沉船(艘)	船损(艘)	堤坝(米)
全国总计	**435 848**	**99 037**	**77 270**	**143 545**	**210 784**	**31 182**	**847**	**4 653**	**305 694**
北　京				1					
天　津			556						
河　北	684	374	630	28	22		5	3	150
山　西	5								
内蒙古	762	65	126	957	9				1 260
辽　宁	32	30 547	231	605	200	1 000	1	14	154
吉　林	127	1	100	83	2				2 070
黑龙江				40 001					
上　海		442					1	13	
江　苏	24 449	7 943	2 673	715	614	156	4	30	1 496
浙　江	8 554	884	1 265	5 701	19 050	9 456	370	879	11 013
安　徽	81 829	6 698	4 055	4 622	12 691	6 011		41	8 720
福　建	170	19 977	1 073	1 728	16 208	94	60	233	5 954
江　西	79 589	4 869	8 965	3 299	7 607	2 333	8	404	68 049
山　东	4 489	14 825	23 227	4 601	2 558	39	4	54	10 826
河　南	46 518	502	1 676	38					
湖　北	5 377	5 117		20 480	75 407	5 636	92	311	108 314
湖　南	158 254	84	2 934	16 964	9 786	1 411	52	329	25 574
广　东	490	3 849	14 705	22 384	32 417	3 211	164	2 034	46 281
广　西	428	474	6 580	1 702	3 267	127		98	3 054
海　南			144	1 534	29 178		30	170	40
重　庆	1 396	258	169	1 730	15	6	11	16	1 450
四　川	2 211	245	2 588	13 545	348		43	17	3 705
贵　州	1 579	1 186	56	101	704				
云　南	17 617	28	4 868	76	251				2 585
西　藏									
陕　西	111	17	446	2 638	450	601	2	3	3 589
甘　肃	38	82	20	12		1 100			1 410
青　海									
宁　夏			74						
新　疆	1 139	570	109			1		4	

各地区渔业灾情造成的数量损失(三)

地 区	3.(台风、洪涝)损毁渔业设施(续)							4. 人员损失			
	泵站(座)	涵闸(座)	码头(米)	护岸(米)	防波堤(米)	工厂化养殖(座)	苗种繁育场(个)	小 计	失踪(人)	死亡(人)	重伤(人)
全国总计	**298**	**1 812**	**11 515**	**99 877**	**48 229**	**460**	**372**	**165**	**83**	**75**	**7**
北 京											
天 津											
河 北				500	250	3		10	1	9	
山 西											
内 蒙 古											
辽 宁			700	500			54	27	5	22	
吉 林											
黑 龙 江											
上 海							1	3	1		2
江 苏				2 950	1 100	10	3	10	1	4	5
浙 江	15	10	5 423	10 474	2 740	34	59	11		11	
安 徽	7	18		1 640	4 850	7	4				
福 建		4	1 335	1 681	3 449	2	58	7	4	3	
江 西	62	147		34 087	1 452	1	7				
山 东	8	26	337	1 568	5	10	7	11	9	2	
河 南											
湖 北	101	201	1 540	34 438	9 996		11				
湖 南	10	17	564	3 128	670		61				
广 东	82	1 368	1 125	5 091	23 212	389	79	71	49	22	
广 西			491				10				
海 南				1 850	315			12	11	1	
重 庆							2				
四 川	8	20		1 750	70	1	12	3	2	1	
贵 州											
云 南	2	1		10							
西 藏											
陕 西	3			110	12	3	4				
甘 肃				100	108						
青 海											
宁 夏											
新 疆											

附　　录

附录 1

水产品产量数据调整说明

一、根据第二次农业普查结果调整水产品产量数据情况。2006 年第二次全国农业普查结束后，按照国家统计局的要求，农业部对 2006 年渔业统计数据进行了调整。调整以农普结果为依据，以各省、自治区、直辖市 2006 年的养殖单产水平、养殖结构为参考，综合测算各省、自治区、直辖市水产品产量调减比例，核定 2006 年水产品产量为 4 583.6 万吨。并以此为基数，参考渔业统计年报中各年度间的产量增减比例，对 1997—2006 年水产品产量数据进行了相应调整。

二、海洋捕捞产量与远洋渔业产量调整情况。在上述调整基础上，根据 2008 年开始执行的渔业统计指标体系（国统制［2008］27 号）中关于远洋渔业产量单列的要求，把 1986—2007 年海洋捕捞产量数据拆分为海洋捕捞产量和远洋渔业产量。

三、调整后的历史数据使用原则：

（一）2006 年之前年度数据比较，使用调整前数据；

（二）2006 年（含）之后年度与 1997—2006 年数据比较，使用调整后数据。

附录 2

调整后历年水产品产量对照表

单位：万吨

年　份	调整前	调整后	其　中				
			海洋捕捞	远洋渔业	海水养殖	淡水捕捞	淡水养殖
1986	935.76	935.76	430.22	1.99	150.08	58.32	295.15
1987	1 091.93	1 091.93	479.91	6.39	192.61	64.61	348.41
1988	1 225.32	1 225.32	504.66	9.64	249.29	71.98	389.75
1989	1 332.58	1 332.58	548.33	10.71	275.73	80.78	417.03
1990	1 427.26	1 427.26	594.40	17.09	284.22	85.64	445.91
1991	1 572.99	1 572.99	644.35	32.35	333.31	100.39	462.59
1992	1 824.46	1 824.46	720.84	46.43	424.31	99.09	533.79
1993	2 152.31	2 152.31	795.53	56.22	540.23	112.07	648.26
1994	2 515.69	2 515.69	925.61	68.83	604.80	126.79	789.66
1995	2 953.04	2 953.04	1 054.07	85.68	721.51	151.02	940.76
1996	3 280.72	3 280.72	1 152.99	92.65	765.89	175.43	1 093.76
1997	3 601.78	3 118.59	1 092.73	103.70	691.66	163.45	1 067.04
1998	3 906.65	3 382.66	1 201.25	91.31	751.99	197.51	1 140.60
1999	4 122.43	3 570.15	1 203.46	89.91	851.89	197.95	1 226.94
2000	4 278.99	3 706.23	1 189.43	86.52	927.96	193.44	1 308.88
2001	4 382.09	3 795.92	1 155.64	88.49	989.38	186.23	1 376.20
2002	4 565.18	3 954.86	1 128.34	109.64	1 060.47	194.71	1 461.69
2003	4 706.11	4 077.02	1 121.20	115.77	1 095.86	213.28	1 530.92
2004	4 901.77	4 246.57	1 108.08	145.11	1 151.29	209.60	1 632.49
2005	5 101.65	4 419.86	1 111.28	143.81	1 210.81	220.97	1 733.00
2006	5 290.40	4 583.60	1 136.40	109.07	1 264.16	220.38	1 853.59
2007		4 747.52	1 136.03	107.52	1 307.34	225.64	1 970.99
2008		4 895.59	1 149.63	108.33	1 340.32	224.82	2 072.49
2009		5 116.40	1 178.16	97.72	1 405.22	218.39	2 216.46
2010		5 373.00	1 203.59	111.64	1 482.30	228.94	2 346.53
2011		5 603.21	1 241.94	114.78	1 551.33	223.23	2 471.93
2012		5 907.68	1 267.19	122.34	1 643.81	229.79	2 644.54
2013		6 172.00	1 264.38	135.20	1 739.25	230.74	2 802.43

附录3

渔业统计指标解释

第一章 水产品产量

第 1 条 水产品特征及产量统计范围

水产品是指渔业（捕捞和养殖）生产活动的最终有效成果，它具有以下特征：

一、它是渔业生产活动的成果。水产品既是渔业生产的劳动对象，也是渔业生产的劳动成果，它包括全部海淡水鱼类、甲壳类（虾、蟹）、贝类、头足类、藻类和其他类渔业产品。

二、它是渔业生产活动的最终成果。渔业生产过程中的中间成果，如鱼苗、鱼种、亲鱼、转塘鱼、存塘鱼和自用作饵料的产品，不是最终成果，不能统计在水产品产量中。

三、它是渔业生产活动的最终有效成果。水产品在上岸前已经腐烂变质，不能供人食用或加工成其他制品的，不统计在水产品产量中。

第 2 条 产量统计年度和统计者

一、年水产品产量按日历年度计算。即从每年一月一日起至十二月三十一日止已从养殖水域捕捞起水或者已从天然水域捕捞并已返航卸港的水产品均统计在年产量中，有的生产渔船在外地收港卸鱼或者在海上由收购船扒载收购的，也按到港计算产量。

二、水产品产量统计中，养殖产量按照水域所在地统计，国内捕捞产量按照渔船所属地统计，远洋渔业产量按照远洋渔业管理办法进行统计。

第 3 条 产量计量标准

除海蜇按三矾后的成品计量、各种藻类按干品计量外，其余各种水产品均按捕捞起水时鲜品实重（原始重量）计量。此外，供观赏的水生动物按个体计算。

第 4 条 养殖产量与捕捞产量划分原则

凡人工养殖并已起水的水产品数量为养殖产量，凡捕捞天然生长的水产品数量为捕捞产量。

一、凡是人工投放苗种（不包括灌江纳苗）并进行人工饲养管理的淡水养殖水域中捕捞的水产品产量计算为淡水养殖产量，否则为淡水捕捞产量。

二、凡是人工投放苗种或天然纳苗并进行人工饲养管理的海水养殖水域中捕捞的水产品产量计算为海水养殖产量，否则为海洋捕捞产量。

三、稻田养殖起水产品，也计算为淡水养殖产量。

第 5 条 水产品分类

分为海水产品和淡水产品两大类。

一、海水产品：包括海洋捕捞产品和海水养殖产品。其中，海洋捕捞产品产量不包括远洋渔业产量。

（一）海洋捕捞产品：包括海洋捕捞鱼类、甲壳类（虾、蟹）、贝类、藻类、头足类和其他类。

1. 海洋捕捞鱼类：包括：海鳗、鳓鱼、鳀鱼、沙丁鱼、鲱鱼、石斑鱼、鲷、蓝圆鲹、白姑鱼、黄姑鱼、鮸鱼、大黄鱼、小黄鱼、梅童鱼、方头鱼、玉筋鱼、带鱼、金线鱼、梭鱼、鲐鱼、鲅鱼、金枪鱼、鲳鱼、马面鲀、竹荚鱼和鲻鱼等。

2. 甲壳类：包括虾和蟹。虾包括毛虾、对虾、鹰爪虾、虾蛄等。蟹包括梭子蟹、青蟹和蟳等。

3. 贝类：包括蛤、蛏、蚶和螺等。

4. 藻类：包括江蓠、石花菜和紫菜等。

5. 头足类：包括乌贼、鱿鱼和章鱼等。

6. 其他类：包括海蜇等。

（二）海水养殖产品：包括海水养殖鱼类、甲壳类（虾、蟹）、贝类、藻类、其他类。

1. 海水养殖鱼类：包括鲈鱼、鲆鱼、大黄鱼、军曹鱼、鰤鱼、鲷鱼、美国红鱼、河鲀、石斑鱼和鲽鱼等。

2. 海水养殖甲壳类：包括虾和蟹。虾包括南美白对虾、斑节对虾、中国对虾和日本对虾等。蟹包括梭子蟹和青蟹等。

3. 海水养殖贝类：包括牡蛎、鲍、螺、蚶、贻贝、江珧、扇贝、蛤和蛏等。

4. 海水养殖藻类：包括海带、裙带菜、紫菜、江蓠、麒麟菜、石花菜、羊栖菜和苔菜等。

5. 海水养殖其他类：包括海参、海胆、海水珍珠和海蜇等。

二、淡水产品：包括淡水养殖产品和淡水捕捞产品。

（一）淡水养殖产品：包括淡水养殖鱼类、甲壳类（虾、蟹）、贝类、藻类和其他类产品。

1. 淡水养殖鱼类：包括鲟鱼、鳗鲡、青鱼、草鱼、鲢鱼、鳙鱼、鲤鱼、鲫鱼、鳊鲂、泥鳅、鲶鱼、鮰鱼、黄颡鱼、鲑鱼、鳟鱼、河鲀、短盖巨脂鲤、长吻鮠、黄鳝、鳜鱼、鲈鱼、乌鳢和罗非鱼等。

2. 淡水养殖甲壳类：包括虾和河蟹，其中虾包括罗氏沼虾、青虾、克氏原螯虾和南美白对虾等。

3. 淡水养殖贝类：包括河蚌、螺、蚬等。

4. 淡水养殖藻类：即螺旋藻。

5. 淡水养殖其他类产品：包括龟、鳖、蛙和珍珠等。

6. 观赏鱼统计按“条”计量，其重量不计入淡水养殖总产量。

（二）淡水捕捞产品：包括淡水捕捞鱼类、甲壳类（虾、蟹）、贝类、藻类和其他类。其他类中包括丰年虫等。

第6条　海洋捕捞产量（按海区、渔具分类）

海洋捕捞产量指国内海域捕捞产量，不包括远洋渔业产量。

一、按捕捞海域分捕捞产量。渤海、黄海、东海、南海区划分界线：

（一）渤海：东以辽宁老铁山西角经庙岛群岛至蓬莱角连线与黄海为界。

（二）黄海：南以长江口北角至韩国济州岛西南端连线与东海为界，东至朝鲜半岛与朝鲜海峡。

（三）东海：南以闽粤省界经东山岛南端至台湾省南端的猫鼻头连线与南海为界，东止对马海峡硫球群岛与我国台湾省。

（四）南海：东以巴士海峡、巴林塘海峡、菲律宾群岛与太平洋为界，南止加里曼丹，西临中南半岛及马来半岛。

二、按捕捞渔具分捕捞产量。

（一）拖网：包括单拖和双拖。

（二）围网：包括单船围网、双船围网和多船围网。

（三）刺网：包括定置刺网、漂流刺网、包围刺网和拖曳刺网。

（四）张网：包括单桩、双桩、多桩、单锚、双锚、船张、墙张和并列张网。

（五）钓具：包括漂流延绳钓、定置延绳钓、曳绳钓和垂钓（如鱿钓）。

（六）其他渔具：包括地拉网、敷网、抄网、掩罩、陷阱、耙刺、笼壶等类型。

第 7 条　海水养殖产量（按养殖水域分类）

一、海上养殖：在低潮位线以下从事海水养殖生产的。

二、滩涂养殖：在潮间带间从事海水养殖生产的。

三、其他养殖：在高潮位线以上从事海水养殖生产的。

第 8 条　淡水养殖产量（按养殖水域分类）

按养殖水面类型不同，分为：池塘、湖泊、水库、河沟、稻田及其他养殖方式。

第 9 条　部分养殖方式分类产量

一、普通网箱：网箱一般由合成纤维如尼龙、聚氯乙烯等网线编织而成，装置在网箱架上。普通网箱面积均为数平方米到数十平方米。一般安置在港湾、沿岸、湖泊、水库和河沟等水域。

二、深水网箱：深水网箱是一种大型海水网箱，目前国内主要有重力式聚乙烯网箱、浮绳式网箱和碟形网箱三种类型，具有抗风浪性能。网箱水体均为数百立方米到数千立方米。深水网箱一般安置在水深 20 米以下的海域。

三、工厂化：工厂化养殖即按工艺过程的连续性和流水性的原则，通过机械或自动化设备，对养殖水体进行水质和水温的控制，保持最适宜于鱼类生长和发育的生态条件，使鱼类的繁殖、苗种培育、商品鱼的养殖等各个环节能相互衔接，形成一个独自的生产体系，以进行无季节性的连续生产，达到高效率、高速度的养殖目的。

工厂化养殖具有能控制水温和水质的特点，因此既能延长生长期，并能高密度的饲养，从而大幅度缩短生产周期，同时可以根据需要，控制鱼类的繁殖时间和苗种规格，使整个养鱼生产程序流水作业化。

工厂化养殖一般有循环过滤式、温排水式、普通流水式及温静水式几种主要类型，各种形式均具有各自的特点。

第二章　水产养殖面积

是指在报告期内实际用于养殖水产品的水面面积，包括海水养殖面积和淡水养殖面积。在报告期内无论是否全部收获或尚未收获其产品，均应统计在养殖面积中。但有些水面不投放苗种或投放少量苗种，只进行一般管理的，不统计为养殖面积。养殖面积法定计量单位为公顷。

第 10 条　海水养殖面积

是指利用天然海水用于养殖水产品的水面面积，包括海上养殖、滩涂养殖、其他养殖。工厂化、深水网箱不计入养殖面积。

第 11 条　淡水养殖面积

是指在淡水水域养殖水产品的水面面积，包括池塘、湖泊、水库、河沟和其他 5 部分。工厂化、稻田养殖不计入养殖总面积。

第 12 条　养殖面积核算

一、海上、滩涂、池塘、湖泊、水库、河沟等方式养殖面积按照实际使用的水面计算，普通网箱按照实际占用水面计算面积，计量单位公顷。

二、工厂化养殖：按照实际占用水的体积计算，计量单位立方水体。

三、深水网箱：按照实际占用水的体积计算，计量单位立方水体。

四、在江河、湖泊、水库投放苗种或灌江纳苗、增殖放流的水域不统计养殖面积；湖泊、水库、河沟虽有指定专人管理，也放养了水产苗种，但起捕的水产品中，人工养殖水产品不足 30% 的，这类水面也不统计在养殖面积中（这部分产量也不列入养殖产量而列入捕捞产量）。

第三章　渔业经济总产值和增加值

第 13 条　渔业经济总产值和增加值

是指以货币表现的核算期内渔业经济活动的总产出和总成果。包括了全社会渔业、渔业工业和建筑业、渔业流通和服务业。

第 14 条　渔业产值和增加值

渔业产值是指以货币表现的核算期内捕捞和养殖水产品及水产苗种的总产出和总成果。具体包括人工养殖的水生动物和海藻的产值、天然水生动物和天然海藻采集的产值，即包括海洋捕捞、海水养殖、淡水捕捞、淡水养殖产品以及水产苗种的产出。其计算方法：水产品及苗种的产量分别乘其产品的现行价格。

渔业增加值是指以货币表现的核算期内全社会从事渔业捕捞和养殖生产活动所创造的最终产品的价值，其计算方法：渔业总产出扣除渔业中间投入。

产值和增加值的资料来源，可向同级统计部门抄录取得。

第 15 条　渔业工业和建筑业产值和增加值

渔业工业和建筑业产值和增加值是指以货币表现的核算期内全社会从事水产品加工业、渔用机具制造业、渔用饲料工业、渔药制造业、渔业建筑业等的产出和成果。

水产品加工业产值等于加工产品量乘以现行价格，其增加值采用食品加工业增加值率进行推算。

渔用机具制造业产值、增加值等于渔船渔机修造业、渔用绳网制造业和其他设备制造业的产值、增加值之和；其产值计算方法主要采用“工厂法”计算，增加值的计算方法采用统计部门“规模以上工业企业总产值表”中的相应指标增加值率进行推算。

渔用饲料工业产值主要采用“工厂法”，增加值是渔用饲料工业现行总产出乘以“规模以上”饲料工业现价增加值率。

渔用药物产值取同级相关部门统计年报表中的有关数据，其增加值等于渔用药物总产出乘以“规模以上”生物制药业现价增加值率。

渔业建筑业产值计算方法是从建筑产品所有方的建筑工程造价角度入手，依据投资完成额计算，其增加值采用建筑业增加值率来推算。

第 16 条　渔业流通和服务业产值和增加值

渔业流通和服务业包括渔业流通业、渔业（仓储）运输业、休闲渔业、渔业文化教育科学技术等产值和增加值。

渔业流通业产值以营业额来计算，其增加值等于渔业流通业产值乘以批发零售贸易业现价增加值率进行推算。

渔业（仓储）运输业产值即营业收入，其增加值计算方法与建筑业相同。

休闲渔业产值包括涉渔有关的一切旅游服务业产值，以营业额计算，其增加值用旅游业增加值率进行推算。

渔业文化教育、科学技术和信息等产值及其增加值根据财政部门《一般预算支出决算明细表》和有关资料进行推算。

第 17 条　计算总产值的价格

按当年价格计算。

当年价格就是当年出售产品时的实际价格。水产品当年价格以各地渔业生产单位初次出售的价格的平均价格为依据；工业产品以报告期内的产品出厂价格为当年价格。商业以零售价格为当年价格。

第四章　渔业船舶拥有量

第 18 条　渔业船舶

是指在中华人民共和国从事渔业生产的船舶以及为渔业生产服务的船舶，按有无推进动力分为机动渔业船舶和非机动渔业船舶。按生产性质分为生产渔船和辅助渔船。

国内海洋捕捞渔业船舶转为远洋渔业船舶的当年，应纳入远洋渔业船舶统计范围，而不应纳入国内渔船统计范围。

第 19 条　机动渔业船舶

是指依靠本船主机动力来推进的渔业船舶，分为渔业生产船和渔业辅助船。

渔业生产船是直接从事渔业捕捞和养殖活动的船舶统称。从事捕捞业活动的渔船为捕捞船，从事养殖业活动的渔船为养殖船。捕捞船，按主机总功率分为：441 千瓦（600 马力）以上、44.1～441 千瓦（60～600 马力）、44.1 千瓦（60 马力）以下三类；按船长分为：24 米以上、12～24 米、12 米以下；按作业方式分为拖网、围网、刺网、张网、钓业、其他共6类，有关解释请参照第6条的相关内容。

渔业辅助船是指从事各种加工、贮藏、运输、补给、渔业执法等渔业辅助活动的渔业船舶统称。包括：水产运销船、冷藏加工船、油船、供应船、科研调查船、教学实习船、渔港工程船、拖轮、驳船和渔业行政执法船等。其中捕捞辅助船指水产运销船、冷藏加工船、油船、供应船等为渔业捕捞生产提供服务的渔业船舶。钓业、围网等作业渔船中的子船纳入捕捞辅助船统计范围。

机动渔船的统计单位包括艘、总吨、千瓦。

“艘”按船舶单元计算。子母式作业船应分别统计。

“总吨”按船舶全部容积计算，即每2.83立方米为1总吨。

“千瓦”按主机总功率计算，主机总功率是指所有用于推进的发动机持续功率总和，1马力等于0.735千瓦，对经过增压的发动机，应按增压后的功率计算。

第20条　非机动渔船

是指无配置机器作为动力的渔船，依靠人力、风力、水力或其他船只带动的渔业船舶，包括风帆船、手摇船等。

第五章　渔业灾情

第21条　渔业灾情

渔业灾情是指由于遭受台风（洪涝）、病害、干旱、污染和其他灾害而造成水产品产量减少、苗种损失、设施损坏、水域污染以及人员伤亡等。

水产品损失指由于灾害造成的水产品损失数量和金额。

受灾养殖面积指由于灾害造成水产品产量损失在10%以上的养殖面积。

损毁渔业设施指由于台风（洪涝）造成池塘、网箱（鱼排）、围栏、渔船损坏或沉没、堤坝、泵站、涵闸、码头、护岸、防波堤、工厂化养殖厂及苗种繁育场等被毁，从而造成的渔业设施毁坏的数量和金额。

人员损失指由于灾害而造成人员失踪、死亡和重伤的人数。

第六章　渔业人口与渔业从业人员

第22条　渔业乡、渔业村

在农村中，凡经营方针以渔业为主，从事渔业生产与经营的人员占全部从业人员50%以上或渔业产值占农业产值的比重50%以上的乡、村，即为渔业乡和渔业村；达不到上述标准的，但经营方针一向是以渔业为主，并经上级主管部门批准定为渔业乡、村的，亦可统计为渔业乡和渔业村。

第23条　渔业户

是指农（渔）村和城镇住户中主要从事渔业生产与经营的家庭。凡家庭主要劳动力或多数劳动力从事渔业生产与经营的时间占全年劳动时间50%（6个月）以上或渔业纯收入占家庭纯收入总额50%以上者均可统计为渔业户。

第 24 条　渔业人口

及其口抚养的人口。农业包括实际从事农业力渔业人口指依靠渔业生产和相关活动维持生活的全部人口。它包括实际从事渔业生产和相关活动的人口及其赡（抚）养的人口。具体包括：

一、直接从事渔业生产和相关活动的在业人口；

二、兼营渔业和其他非渔业劳动者中，凡从事渔业生产和相关活动的时间全年累计达到或超过 3 个月者，或者虽全年累计不足 3 个月，但渔业纯收入占纯收入总额比重超过 50% 者；

三、由从事渔业生产和相关活动的人口赡（抚）养的人口。

四、在既有渔业劳动者又有非渔业劳动者的家庭中，根据渔业与非渔业纯收入比例分摊的被渔业劳动者赡（抚）养的人口。

渔业人口中的传统渔民指：凡渔业乡、渔业村的渔业人口均可称为传统渔民。

第 25 条　渔业从业人员

渔业从业人员：是指全社会中 16 岁以上，有劳动能力，从事一定渔业劳动并取得劳动报酬或经营收入的人员。

渔业专业从业人员：渔业专业从业人员指全年从事渔业活动 6 个月以上或 50% 以上的生活来源依赖渔业活动的渔业从业人员；

渔业兼业从业人员：渔业兼业从业人员指全年从事渔业活动 3 ~ 6 个月或 20% ~ 50% 的生活来源依赖渔业活动的渔业从业人员；

渔业临时从业人员：渔业临时从业人员指全年从事渔业活动 3 个月以下或 20% 以下的生活来源依赖渔业活动的渔业从业人员。

第七章　远洋渔业

第 26 条　远洋渔业产量和远洋渔船

远洋渔业产量：是指由各远洋渔业企业和各生产单位按我国远洋渔业项目管理办法组织的远洋渔船（队）在非我国管辖水域（外国专属经济区水域或公海）捕捞的水产品产量。中外合资、合作渔船捕捞的水产品只统计按协议应属于中方所有的部分。

远洋渔船：是指按上述办法、协议，在上述水域进行常年或季节性生产的渔船。

第八章　水产苗种

第 27 条　苗种

鱼苗：指卵黄囊基本消失，鱼鳔充气，能平游主动摄食的仔鱼，包括人工孵化和江河湖海港湾采捕的天然鱼苗。

鱼种：指由鱼苗经培育后，发育至全体鳞片，鳍条长全，外观具有成鱼基本特征的幼鱼，一般全长在 1.7 ~ 23.3 厘米，因出塘季节和培育期的不同，又俗称为夏花、冬片、春片、秋片、仔口和老口。

扣蟹：蟹苗经数次退皮变成外形接近蟹形的仔蟹，再经过 4～5 个月饲养培育成每千克 100～200 只左右性腺未成熟的幼蟹。

第 28 条　苗种数量统计原则

由苗种孵化或育成的单位归属统计，从它处购进或以其他方式取得苗种进行养殖的，不再进行统计。

第九章　水产加工业

第 29 条　水产加工企业

水产加工企业是指从事水产品保鲜（保活）、保藏和加工利用的企业。

规模以上企业：指年主营业务收入 500 万元以上的水产加工企业。

水产品加工能力是指建厂时设计的及后来改扩建新增的年加工处理水产品的能力之和。

第 30 条　水产冷库

水产冷库是指主要用于水产品冻结、冷藏和制冰的场所，一般以低温冷藏库数作为冷库座数。

冷库的冻结能力、冷藏能力、制冰能力均指冷库建造设计的及后来改扩建新增的生产能力之和。

第 31 条　水产加工品

水产加工品是指以水产品为原料，采用各种食品贮藏加工、水产综合利用技术和工艺所生产的产品，如冷冻冷藏品、腌制品、干制品、熏制品、罐头食品、各种生熟小包装食品以及鱼油、鱼肝油、多烯脂肪酸制剂、饲料鱼粉、藻胶、碘、贝壳工艺品等。

一、水产冷冻品

水产冷冻品是指为了保鲜，将水产品进行冷冻加工处理后得到的产品，包括冷冻品和冷冻加工品，但不包括商业冷藏品。

冷冻品泛指未改变其原始性状的粗加工产品，如冷冻全鱼、全虾等。

冷冻加工品是指采用各种生产技术和工艺，改变其原始性状、改善其风味后制成的产品，如冻鱼片、冻虾仁、冷冻烤鳗、冻鱼籽等。

二、鱼糜制品及干腌制品

鱼糜制品是指将鱼（虾、蟹、贝等）肉（或冷冻鱼糜）绞碎经配料、擂溃成为稠而富有粘性的鱼肉浆（生鱼糜），再做成一定形状后进行水煮（油炸或焙烤烘干）等加热或干燥处理而制成的食品，如鱼糜、鱼香肠、鱼丸、鱼糕、鱼饼、鱼面、模拟蟹肉等。

干腌制品是指以水产品为原料，经脱水（烘干、烟熏、焙烤等）或添加腌制剂（盐、糖、酒、糟）制成具有保藏性和良好风味的产品，如烤鱼片、鱿鱼丝、鱼松、虾皮、虾米、海珍干品；海蛰、腌鱼、烟熏鱼、糟鱼、醉虾蟹、醉泥螺、卤甲鱼、水生动植物调味品（虾蟹酱、蚝油、鱼酱油、）等。

藻类加工品是指以海藻为原料，经加工处理制成具有保藏性和良好风味的方便食品，如海带结、干紫菜、调味裙带菜等。

三、水产罐制品

水产罐制品是指以水产品为原料按照罐头工艺加工制成的产品，包括硬包装和软包装罐头，如鱼类罐头、虾贝类罐头等。

四、水产饲料

水产饲料是指用低值水产品及水产品加工废弃物（如鱼骨、内脏、虾壳等）等为主要原料生产而成的饲料。

五、鱼油制品

鱼油制品指从鱼肉或鱼肝中提取油脂，并制成的产品，如粗鱼油、精鱼油、鱼肝油、深海鱼油等。

六、其他水产加工品

其他水产加工品是指除上述加工产品之外的加工品统称，如助剂和添加剂（蛋白胨、褐藻胶、碘、甘露醇、卡拉胶、琼胶等）、珍珠加工品、贝壳工艺品、鱼酒、鱼奶等。

第十章　渔民家庭当年收支情况调查

第 32 条　渔民家庭

指农（渔）村和城镇家庭住户中劳动力从事养殖、捕捞或渔业苗种培育等渔业生产经营的时间合计占全年劳动时间 50% 以上，或渔业生产经营纯收入占家庭纯收入总额 50% 以上的家庭户。其中分别从事养殖或捕捞渔业生产经营符合上述标准之一的，分别统计为养殖户和捕捞户。

第 33 条　家庭常住人口数

指全年经常在家或在家居住 6 个月以上，而且经济和生活与本户连成一体的人口数。外出从业人员在外居住时间虽然在 6 个月以上，但收入主要带回家中，经济与本户连为一体，仍视为家庭常住人口；在家居住，生活和本户连成一体的国家职工、退休人员也为家庭常住人口。但是现役军人、中专及以上（走读生除外）的在校学生、以及常年在外（不包括探亲、看病等）且已有稳定的职业与居住场所的外出从业人员，不应当作家庭常住人口。

第 34 条　家庭渔业从业人员人数

是指家庭常住人口中从事渔业生产、销售、运输等活动累计 6 个月以上的人数。

第 35 条　全年总收入

指调查期内被调查对象从各种来源渠道得到的收入总和。按收入的性质划分为家庭经营收入、工资性收入、财产净收入、转移性收入和政府生产补贴（惠农收入）。

第 36 条　家庭经营收入

是指以家庭为单位进行生产经营和管理而获得的收入。包括：渔业（水产品及鱼苗）收入、其他家庭经营收入。

经营渔业收入：指水产品及鱼苗用于市场交易的现金收入或自产自食的实物收入。市场交易的现金收入等于交易的水产品及鱼苗或与水产品有关的劳务活动量乘以市场价格，只要交易发生，包括现款和应收款都要计算为收入；自产自食的实物收入，按自食水产品数量乘以相应水产品成本价格计算。如某个水产品的市场平均价格为 10 元/千克，用于计算该水产品市场交易的现金收入；成本价格为 6 元/千克，用于计算自产自食的该水产品实物收入。

经营其他行业收入：指渔民家庭自主经营的除渔业外的其他行业，如种植业、畜牧业、林业等第一产业，或从事二、三产业所取得的经营收入。第一产业的收入包括现金和实物两个部分，计算方法与渔业收入类似，第二、三产业只计算现金部分。

第 37 条　工资性收入

指渔民家庭中从业人员通过各种途径得到的全部劳动报酬和各种福利。包括在渔业生产劳动中获得的工资和在其他行业劳动中获得的工资。

工资的形式包含计时计件劳动报酬、奖金、津贴；以及单位代个人缴纳的养老保险、医疗保险、失业保险，房租费、水电费、托儿费、医疗费等；单位定期或不定期发放过节费、调动工作的安家费、相当于现金的通用购物卡、免费或低价提供的实物产品和服务折价、工作餐补贴折价：零星或兼职劳动中得到现金、实物补贴折价等，还包括股份制企业派发或奖励给员工的股票和期权。

工资按照收付实现制计算，只要是在调查期内实际得到的工资，无论该工资是补发还是预发，都应归为本期得到的工资收入。本调查期内应得但因拖欠等原因未得到的工资不应计入。

工资不包括因员工或员工家属大病、意外伤害、意外死亡等原因支付给员工或其遗属的抚恤金和困难补助金，应该将其列入转移性收入中的社会救济和补助收入。

第 38 条　财产净收入

指渔民家庭住户或成员将其所拥有的金融资产和自然资源交由其他机构单位、住户或个人支配而获得的回报并扣除相关的费用之后得到的净收入。财产净收入包括利息净收入、红利收入、储蓄性保险净收益和转让承包土地或水面经营权租金净收入等。

利息净收入指利息收入扣除该住户或个人付给债权方的生活性借贷款利息支出后得到的净值。利息收入是指按照双方事先约定的金融契约条件，借出金融资产（存款、债券、贷款和其他应收账款）的住户或个人从债务方得到的本金之外的附加额。利息收入是应得收入，包括各类定期和活期存款利息、债券利息、个人借款利息等，银行代扣的利息所得税也包括在内。

红利收入指住户或个人作为股东将其资金交由公司支配或处置而有权获得的收益。包括股票发行公司按入股数量定期分配的股息、年终分红以及从集体财产入股或其他投资分配得到的股息和红利。股票买卖结算后获得的收益（含亏损）不包含在内。

利息与红利的差异：利息一般是预先约定的，与企业的经营状况无关，而红利的多少与企业的经营效益直接有关，一般不预先约定。

储蓄性保险净收益指住户或个人参加储蓄性保险，扣除缴纳的保险本金及相关费用后，所获得的保险净收益。不包括保险责任人对保险人给予的保险理赔收入。

转让承包土地或水面经营权租金净收入指住户将拥有经营权或使用权的土地转让给其他机构单位或个人获得的补偿性收入扣除相关成本支出后得到的净收入。也包括从其他机构单位或个人获得的实物形式的收入。

其他财产净收入指住户所得的除上述以外的其他财产性收入扣除相关的维护成本之后得到的净收入。如通过在国外购买的土地、矿产等自然资源获得的财产净收入等。

财产净收入不包括将非金融资产（如住房、生产经营用房、机械设备、专利、专有技术、商标商誉等）交由其他机构单位、住户或个人支配而获得的回报，应该计入“经营净收入”。财产净收入也不包括转让资产所有权的溢价所得，这些是“非收入所得”，不包含在本调查中。

第 39 条　转移性收入

指国家、单位、社会团体对渔民家庭住户的各种经常性转移支付和住户之间的经常性收入转移。包括政府、非行政事业单位、社会团体对居民转移的养老金或退休金、社会救济和补助、政策性生活补贴、救灾款、经常性捐赠和赔偿以及报销医疗费等；住户之间的赡养收入、经常性捐赠和赔偿以及农村地区（村委会）在外（含国外）工作的本住户非常住成员寄回带回的收入等。

转移性收入不包括国家为扶持农（渔）业进行的相关生产补贴，不包括住户之间的实物馈赠。

养老或离退休金指根据国家有关文件规定或合同约定，在劳动者年老或丧失劳动能力后，按月以货币形式或实物产品及服务给予的待遇，包括离退休人员的养老金或离退休金、生活补贴，农民享有的新型农村养老保险金，包括发给的实物和购买指定物品的票证、购物卡券，应同时计入相应的实物产品和服务项目中。

社会救济或政策性生活补贴指国家、机关企事业单位、社会团体和个人对各类特殊家庭、人员提供的特别津贴；或根据国家的有关规定，中央财政、各级地方财政给予家庭的相关政策性生活补贴。

包括国家对享受城镇居民最低生活保障待遇的家庭发放的最低生活保障金、对农村五保户发放的五保救助金、国家和社会及机构单位对特殊困难家庭给予的困难补助、扶贫款、救灾款、国家或机构单位向由于失去工作能力或意外死亡等原因而失去工作的职工或其遗属定期发放的抚恤金等。也包括发给的实物和购买指定物品的票证、购物卡券，应同时计入相应的实物产品和服务项目中。

包括家电下乡和以旧换新等家电补贴、能源补贴、给农村寄宿制中小学生的生活补贴等；也包括其他低价或免费提供的实物产品和服务，如廉租房等。

外出从业人员寄回带回收入指农村地区（村委会）在外（含国外）工作的本住户非常住成员寄回、带回的收入。无论是以现金、汇款、转账、银行卡共享等任何形式寄回、带回的收入，都应计入。

赡养收入指亲友因赡养和抚养义务经常性给予住户及其成员的现金和实物收入。

其他经常转移收入指渔民家庭住户从除上述各项转移性收入以外得到的其他经常性转移收入。如经常性捐赠收入、经常性赔偿收入、失业保险金、亲友搭伙费等。

经常性捐赠收入指住户从他人、组织、社会团体处得到的经常性捐献或赠送收入。这种捐赠收入带有义务性和经常性，不包括遗产及一次性馈赠收入、婚丧嫁娶礼金所得、压岁钱等。

捐赠收入与赡养收入的区别：赠送是对本住户的成员无赡养义务的其他住户或个人给

本住户及其成员的现金。本住户成员内部间的捐赠收入和捐赠支出均不必记账。

经常性赔偿收入指住户及其成员因受到财产损失、人身伤害、精神损失得到的国家、单位、个人定期支付的经常性赔偿，不包括一次性赔偿所得。

第 40 条　全年总支出

是指渔民家庭全年用于生产、生活和再分配的全部支出。包括：家庭经营费用支出、生产性固定资产折旧、税费支出、生活消费支出、转移性支出。

第 41 条　家庭经营费用支出

是指以家庭为单位从事生产经营活动而消费的商品和服务、自产自用产品。包括经营渔业费用支出和经营其他行业费用支出。

经营渔业费用支出包括燃料、水电及加冰费用、雇工费用、饲料费用、购买种苗费用，以及加工费用、修理费、承包或租用费等其他生产支出。其中燃料、水电费指用于生产的，不包括用于生活的支出；修理或改造费用等，指额度在 1 000 元以下的日常渔需物质支出，在此价值量之上的如渔具的大修理、鱼塘清淤、改造等较大规模投入，则按量按价计入固定资产。

经营其他行业费用支出，是指从事除渔业经营外的其他行业，如种植业、畜牧业、林业等第一产业，或从事二、三产业经营的支出。其计算方法参考经营渔业支出。

第 42 条　生产性固定资产原价及折旧

生产性固定资产是指使用年限在两年及以上、单位价值在 1 000 元以上的房屋建筑物、机器设备、器具工具、役畜、产品畜等资产，其中渔业生产性固定资产包括生产用车船、精养鱼池、大型网具、防逃设施、涵闸、泵站等。

生产性固定资产原价是指固定资产当初的购进价、新建价或开始转为固定资产的价值。自繁自养的幼畜成龄转作役畜、产品畜、种畜，按市场同类牲畜的平均价格计价。国家奖励和外单位赠送的固定资产按购置同类固定资产的价格参照其新旧程度酌情计价。

渔民家庭的生产性固定资产折旧按农业生产性固定资产折旧方法处理，即 15 年的使用期限。

第 43 条　税费支出

是指渔民家庭以现金和实物形式缴纳的从事生产经营活动的各种税赋支出，以及承包费、“一事一议”款、以资代劳款、乡村提留、集资摊派等费用。包括经营渔业税费支出和经营其他产业税费支出。对于无法区分家庭产业经营活动的税费支出，按一定比例分摊。

第 44 条　生产补贴（惠农补贴）

是指政府为扶持农业、林业、牧业、渔业和农林牧渔服务业，以现金或实物形式发放的各种生产补贴。现金形式发放的补贴包括粮食直补、购置和更新大型农机具补贴、良种补贴、购买生产资料综合补贴、退耕还林还草补贴、畜牧业补贴等生产性补贴。实物形式发放的补贴指政府低价或免费提供的相关产品和服务，如免费或低价提供的种子、农机具服务等。包括经营渔业的生产性补贴和经营其他产业的生产性补贴。在渔塘改造中，如果是以渔民家庭为主进行投入建设，得到了政府补贴，计入经营渔业生产性补贴；如果是政府直接奖励或投入改造建设，则按相关市场价格计入生产性固定资产。

第 45 条　转移性支出

是指渔民家庭或成员对国家、单位、住户或个人的经常性或义务性转移支付。包括缴纳的税款、各项社会保障支出、赡养支出、经常性捐赠和赔偿支出以及其他经常转移支出等。

个人所得税指家庭或成员被扣缴的工资薪金所得、对企事业单位的承包经营承租经营所得、个体工商户的生产经营所得、劳务报酬所得、稿酬所得、特许权使用费所得、利息股息红利所得、财产租赁所得、财产转让所得、偶然所得、经国务院财政部门确定征税的其他所得等个人所得的税款。生产税、消费税不在其内。

社会保障支出指家庭成员参加国家法律、法规规定的社会保障项目中由单位和个人共同缴纳的保障支出。包括养老保险、医疗保险、失业保险、工伤保险、生育保险以及其他社会保障支出。

赡养支出指家庭成员因赡养和抚养义务而付给亲友的经常性现金和定期的实物支出。现金赡养支出应按实际发生的金额计算，不论是从报告期收入中开支的，还是从银行存款、手存现金以及其他所得中开支的，均应包含在内。

其他经常转移支出指家庭或成员除缴纳的税款、社会保障支出、赡养支出以外的其他经常性转移支出。如经常性捐赠支出；经常性赔偿支出；各种罚款，如交通罚款；政府部门向居民提供服务收取的服务费，如迁户口的办理费、办理身份证费；缴纳工会费、党费、团费以及学会团体组织费等。

经常性捐赠支出指家庭或成员赠予他人的经常性和带有义务性的现金支出，包括向寺庙的经常性捐款、定期资助贫困学生或贫困地区的款项、个人对公共设施建设的各类捐款，如解困基金、水利基金、防洪基金等。但不包括以商品或服务方式给予他人的价值额。婚丧嫁娶礼金支出及一次性馈赠支出如压岁钱、探望病人给予的礼金等不含在内。经常性捐赠支出应按实际发生的金额计算，不论是从报告期收入中开支的，还是从银行存款、手存现金以及其他所得中开支的，均应包括在内。

经常性赔偿支出指家庭或成员向因受到财产损失、人身伤害、精神损失的国家、单位、个人定期支付的赔偿支出，不包括一次性赔偿支出。

第 46 条　生活消费支出

是指渔民家庭用于满足家庭日常生活消费需要的全部支出，包括伙食支出、烟酒支出、衣着支出、居住支出、生活用品支出、交通通信支出、教育文化娱乐支出、医疗保健支出、其他用品及服务支出。

伙食支出指渔民家庭住户购买粮、油、菜、肉、禽、蛋、奶、水产品、糖、饮料、干鲜瓜果等食品的支出，也包括在外饮食、餐馆外卖食品和其他饮食服务的支出。但不包括用于宠物食品的支出。

烟酒支出指渔民家庭住户用于烟草和酒类的支出。烟草包括卷烟、烟丝、烟叶。涵盖住户购买的所有烟草，包括在餐馆、酒吧等购买的烟草。不包括烟具。酒指用高粱、大麦、米、葡萄或其他水果发酵制成的含酒精饮料。主要有白酒、黄酒、葡萄酒、啤酒，包括低度酒精饮料或不含酒精的啤酒等。此处是指买来在家喝的酒类，不包括在餐馆、旅馆、酒吧等消费的酒（在外饮食）。

衣着支出指渔民家庭住户用于穿着的支出，包括购买服装、服装材料、鞋类、其他衣类及配件，以及衣着相关加工服务的支出。

居住支出指渔民家庭住户用于居住的支出，包括房租、水、电、燃料、住房装璜、物业管理等方面的支出。

生活用品支出指渔民家庭住户购买家具和家用电器、日用杂品的支出。

家具和家用电器包括家具、家具材料、室内装饰品、家庭使用的各类大型器具和电器，小家电等。如冰箱、冷饮机、空调、洗衣机、吸尘器、干衣机、微波炉、洗碗机、消毒碗柜、炊具、炉灶、热水器、取暖器、保险柜、缝纫机、榨汁机、烤面包炉、酸奶机、烫斗、电水壶、电扇、电热毯等。

日用杂品包括床上用品、窗帘门帘和其他家用纺织品，以及洗涤及卫生用品、厨具、餐具、茶具、家用手工工具、其他日用品、护肤品、美容美发用品等。

交通通信支出指渔民家庭户在交通工具、交通费、通讯器材、通讯服务方面的支出。

交通工具包括家用汽车、摩托车、自行车及其他家庭交通工具。不包括经营用交通工具。

交通费包括乘坐各种交通工具（如飞机、火车、汽车、轮船等）所支付的交通费以及用于车辆使用的燃料费、停车费、维修费、车辆保险等。不包括因公出差暂由个人垫付的交通费。

通信工具包括固定电话机、移动电话机、寻呼机、传真机等。

通信服务费包括电话费、电话初装费、入网费、电信费、邮费等。

教育文化娱乐支出指渔民家庭户用于住户成员的教育活动、文化娱乐活动的支出。

教育包括职业技术培训费、学杂费、赞助费、一揽子教育服务费、教育用品支出等。文化娱乐包括用于文娱耐用消费品、其他文娱用品和文化娱乐服务。

文娱耐用消费品包括各种音像、摄影和信息处理设备，如彩色电视机、照相机、摄像机、组合音响、家用计算机，也包括中高档乐器、健身器材等，还包括文娱耐用消费品的零配件和维修。

其他文娱用品包括除教材及参考书以外的各种书报杂志及音像制品、文具纸张、体育户外用品、玩具、用于花鸟虫鱼等业余爱好的相关用品、宠物及宠物用品等其他文娱用品，也包括以上文娱用品的维修支出。

文化娱乐服务指和文化娱乐活动有关的各种服务费用。包括团体旅游、景点门票、体育健身活动、电影、话剧、演出票、有线电视费以及其他文化娱乐服务支出。

医疗保健支出指渔民家庭户购买医疗器具和药品，支付门诊和住院费方面的支出。

医疗器具和药品包括药品、滋补保健品、医疗卫生器具及用品和保健器具。

门诊和住院费指门诊和住院的医疗总费用，包括从各种医疗保险或其他医疗救助计划中获得的医药费和医疗费的报销款额。包括挂号费、诊疗费、注射费、手术费、透视费、镶牙费、出诊费、送药费、陪侍费、住院费、救护车费等，还包括提供给门诊病人的药物、医疗器械和设备及其他保健产品。报销医疗费应按收付实现制记录，即仅当医疗费报销到手时才计入。

其他用品及服务指渔民家庭户在其他用品及服务方面的支出。

其他个人用品包括首饰、手表和其他杂项用品。

其他服务包括旅馆住宿费、美容美发洗浴、其他杂项服务。无法归入七大类服务支出的其他各项服务支出，如迷信、丧葬费、诉讼费、公证费、房地产中介服务费等也包含在内。

第 47 条　全年纯收入和渔业纯收入

纯收入指渔民家庭当年从各种来源得到的总收入相应地扣除所发生的费用后的收入总和。纯收入主要用于再生产投入和当年生活消费支出，也可用于储蓄和各种非义务性支出。“渔民人均纯收入”按人口平均的纯收入水平，反映的是一个地区或一个渔民家庭的居民平均收入水平。计算方法：

全年纯收入 = 全年总收入 - 家庭经营费用支出 - 生产性固定资产折旧 - 税费支出

渔业纯收入 = 出售水产品收入 + 从事渔业所获得的工资性收入 - 经营渔业支出 - 渔业固定资产折旧 - 渔业税费支出

第 48 条　可支配收入

指渔民家庭户可用于最终消费支出和储蓄的总和，即可以用来自由支配的收入。可支配收入既包括现金，也包括实物收入。本调查按照收入的来源，可支配收入包含四项，分别为：工资性收入、经营净收入、财产净收入、转移净收入。计算公式为：

可支配收入 = 工资性收入 + 经营净收入 + 财产净收入 + 转移净收入

其中：

经营净收入 = 经营收入 - 经营费用 - 生产性固定资产折旧 - 税费支出净额（税费支出 - 生产补贴）

转移净收入 = 转移性收入 - 转移性支出

第 49 条　渔民家庭收支调查台账

是用于采集渔民家庭收支情况基础数据的方法。在调查户中建立台账，按一定时间将发生收支情况进行记录，由县级渔业统计人员按时间要求，直接或通过村干部或村农业技术员收集或调查。本台账为参考表样，各地可根据实际情况自行设计，方便渔民记录。在台账中需要一次性填写的内容包括样本户地址及代码、居住房屋面积和估价、养殖面积、机动渔船数量、功率和吨位等。

样本户地址及代码是指渔民家庭收支调查样本户的居住地址，按省、地、县、乡、村的行政地址填写，代码是国家统计局公布的标准代码（12 位）。村内的样本户按自然顺序编码。样本户所在的行政区划名称发生改变，但尚未获得国家标准名称和代码的，原地址和代码不变，可在备注中说明。

居住房屋面积和估价

居住房屋面积指住宅用于生活居住的建筑面积，应扣除住宅中非生活居住（出租、生产或商用）的建筑面积。

建筑面积以房屋产权证或租赁证为准，也可按使用面积 ×1.333 计算得出。如果没有相应证明，则由调查员根据本住宅或类似住宅判断填写。建筑面积应填写整数，不为整数时应四舍五入。

居住房屋的估价指居住房屋建筑本身的市场估值，仅包含建筑物本身的价值，不包含宅基地的价值。市场估值主要由调查员辅助住户进行填报。按农村地区的住宅市场估值方法进行估价，调查员预先了解本地区目前平均的房屋建造成本，并将这些信息提供给调查户。针对某个具体住宅，首先估计目前如果要建造同类住房所需要的成本，然后按照30年折旧的期限，根据住宅的建筑年份对剩余的价值进行折算。例如，农村的一栋两层小楼，于1997年建成，已经使用了15年。目前建造同类住房的成本约为20万，则按照30年的折旧期限，目前该住宅的价值为10万元。如果住宅的使用年限已经超过30年，则根据住宅目前的实际情况酌情进行估价。对于竹草土坯房，原则上住宅的市场估值不超过5 000元。

图书在版编目（CIP）数据

中国渔业统计年鉴．2014/农业部渔业渔政管理局编制．—北京：中国农业出版社，2014.5
ISBN 978-7-109-19222-5

Ⅰ.①中… Ⅱ.①农… Ⅲ.①渔业经济—统计资料—中国—2014—年鉴 Ⅳ.①F326.4-66

中国版本图书馆 CIP 数据核字（2014）第 104374 号

中国农业出版社出版
（北京市朝阳区农展馆北路 2 号）
（邮政编码 100125）
责任编辑 吴洪钟

中国农业出版社印刷厂印刷 新华书店北京发行所发行
2014 年 5 月第 1 版 2014 年 5 月北京第 1 次印刷

开本：787mm×1092mm 1/16 印张：10.75 插页：6
字数：300 千字
定价：120.00 元